FROHE FERIENTAGE FÜR ALLE KINDER.

Wolfgang Buddrus (Hrsg.)

Frohe Ferientage für alle Kinder.

Kinderferienlager in der DDR.

© Wolfgang Buddrus 2015
Einband: Wolfgang Buddrus

Herstellung und Verlag:
BoD – Books on Demand, Norderstedt

ISBN 9-78-3-73479-126-0

INHALT

Bertolt Brecht (1898–1956)

Musik: Hanns Eisler (1898–1962)

KINDERHYMNE (1949)

Anmut sparet nicht noch Mühe
Leidenschaft nicht noch Verstand
Daß ein gutes Deutschland blühe
Wie ein andres gutes Land.

Daß die Völker nicht erbleichen
Wie vor einer Räuberin
Sondern ihre Hände reichen
Uns wie andern Völkern hin.

Und nicht über und nicht unter
Andern Völkern wolln wir sein
Von der See bis zu den Alpen
Von der Oder bis zum Rhein.

Und weil wir dies Land verbessern
Lieben und beschirmen wir's
Und das liebste mag's uns scheinen
So wie andern Völkern ihrs.

Frohe Ferientage für alle Kinder – das war nicht nur eine Losung. In viele Familien war es eine Selbstverständlichkeit, daß die Kinder in den Ferienmonaten Juli und August in ein Ferienlager fuhren. Kinderferienlager waren wohl etwa so zahlreich auf die Landschaften verteilt wie die FDGB-Ferienheime. Natürlich fuhren Familien auch mit ihren Kindern in die Ferien, aber es war durchaus nicht selten, daß Ansichtskarten vom FDGB-Heim in ein Ferienlager und umgekehrt geschrieben wurden.

Es hat schon immer die merkwürdigsten Argumente gegen Kinderferienlager gegeben, natürlich besonders ab 1990, als die Kinderferienlager der DDR aufgelöst und zum größten Teil dem Verfall preisgegeben wurden. Sicherlich wird es immer Kinder geben, die ihre Ferien lieber mit den Eltern als in einer Gruppe mit meist fremden Kindern verbringen wollen und die in einem Ferienlager vor Heimweh krank werden. Aber das kann man wohl kaum als Argument gegen die Kinderferienlager generell gelten lassen.

Man findet, daß sich heute noch Rentner an ihre Zeit im Kinderferienlager gerne erinnern. Das beweist den starken Einfluß auf die Erlebniswelt der Kinder. Solche Erinnerungen „Weißt du noch, als wir . . .?" sind ganz bestimmt wertvoller als die, die bei einem „Kameradschaftstreffen" ehemaliger Soldaten zur Sprache kommen.

Ohne Zweifel trägt das Leben in einer Gruppe Gleichaltriger unter Leitung eines Erwachsenen zur Formung des Charakters und des sozialen Verhaltens in starkem Maße bei.

In einem Ferienlager können den Kindern altersgemäße Aktivitäten wie sonst nirgends geboten werden. Dazu gab es, zumindest in den größeren Lagern, zahlreiche Arbeitsgemeinschaften mit qualifizierten Leitern.

Die Eltern können sich auch einmal ohne Kinder selbst erholen und wissen dabei ihre Kinder in sicherer Obhut und Betreuung. (In der DDR für einen mehr symbolischen Geldbetrag.)

Ein großer Teil der ehemaligen Teilnehmer an Ferienlagern ist heute im Rentenalter. Wenn sie die Bilder in dem folgenden Abschnitt ansehen, werden bestimmt Erinnerungen wach. Gerade die Bilder aus den ersten beiden Jahrzehnten der DDR können uns etwas lehren: Es kommt nicht auf den technischen Aufwand an, damit Kinder sich gerne und lange an ihre Ferienlager erinnern, vielmehr darauf, daß die Betreuer und Leiter sich ganz auf die Kinder einlassen und sie fordern und fördern.

Es folgt hier eine Übersicht über die verschiedenen Formen der Ferienlager.

Betriebskinderferienlager

Bei einem Betriebskinderferienlager handelte es sich um eine Form der Feriengestaltung für die Kinder der Betriebsangehörigen sowie gelegentlich für Schüler der Patenschulen und Lehrlinge. Das Ferienlager dauerte i.d.R. drei Wochen. Die finanziellen Mittel für die Ausstattung, Unterhaltung und Durchführung des Ferienlagers wurden von den Betrieben und der Gesellschaft getragen. Auch die personelle, medizinisch-hygiensche und inhaltliche Sicherung des Ferienlagers wurde vom Betrieb gemeinsam mit der Gewerkschaft und der FDJ verantwortet. Die Ferienhelfer waren i.d.R. Betriebsangehörige, die für diese Zeit von der Arbeit freigestellt wurden. Außerhalb der Schulferien dienten die Betriebsferienlager als Tagungsstätten und zur Weiterbildung der Mitarbeiter sowie als Lager für die vormilitärische Ausbildung der Lehrlinge.

Feriengestaltung der Schüler/Urlaubsgestaltung der Lehrlinge

Hierbei handelte es sich um staatliche oder gesellschaftliche Maßnahmen zur aktiven, geistigen und körperlichen Erholung der Schüler, Lehrlinge und Studenten während der Ferienzeit. Die Feriengestaltung wurde in Form von zentralen Pionierlagern, Betriebsferienlagern, Ferienspielen (insbesondere für die Schüler der Klassen 1 bis 4), mehrtägigen Fahrten und Wanderungen sowie Schullagern (insbesondere für die Schüler der Klassen 5 bis 12), Spezialistenlagern, Ferienveranstaltungen (insbesondere für die Schüler ab Klasse 5 in Städten und größeren Gemeinden) und Lagern für Erholung und Arbeit für die Schüler ab Klasse 9 durchgeführt. Die Ferien-/Urlaubsgestaltung der Lehrlinge erfolgte insbesondere unter Nutzung der Betriebsferienlager, des Jugendherbergswesens, der Lehrlingswohnheime anderer Betrieb und der Jugendtouristik.

Ferienspiele

Die örtlichen Ferienspiele waren Bestandteil der Feriengestaltung der Schüler. Während der längeren Ferien (Sommer- und Winterferien) wurden durch die Schulen und Schulhorte für die Schüler der 1. bis 4. Klasse eine pädagogisch geführte Freizeitgestaltung und Betreuung, die sogenannten Ferienspiele, angeboten. Der Unkostenbeitrag pro Durchgang (eine Woche) betrug einschließlich des täglichen warmen Mittagessens 1 Mark. Für die Schüler ab der 5. Klasse wurden insbesondere in den Städten örtliche Ferienveranstaltungen in Kultur- und Klubhäusern, Filmtheatern, Museen, Büchereien, Theatern, Sportstätten u.a. Einrichtungen durchgeführt. Die Verantwortung für die Durchführung der Ferienspiele oblag den Organen der Volksbildung und den Direktoren der Schulen.

Freiwillige produktive Arbeit

In einem Teil ihrer Freizeit vor allem in den Ferien konnten Schüler ab vollendetem 14. Lebensjahr freiwillig produktive Arbeit verrichten. Sie wurde als individuelle Ferienarbeit, im Rahmen der Lager für Erholung und Arbeit und der FDJ-Schülerbrigaden geleistet. Die Arbeitszeit war auf 20 Arbeitstage im Jahr begrenzt (3 Wochen in den Sommerferien, 1 Woche in den Herbst- oder Winterferien). Voraussetzung für die Tätigkeit war die Zustimmung der Erziehungsberechtigten, des Direktors der Schule und des Arztes. Ein bedeutendes Motiv für die Schüler war die Möglichkeit, sich durch eigene Arbeit Geld zu verdienen.

Lager für Erholung und Arbeit

Bei den Lagern für Erholung und Arbeit handelte es sich um eine Form der Feriengestaltung für FDJ-Mitglieder und Schüler der Klassen 9 bis 12 der Oberschulen. Die Lager wurden i.d.R. auf Bezirks- und Kreisebene durchgeführt. Sie hatten das Ziel an volkswirtschaftlichen Schwerpunkten mitzuwirken und gleichzeitig kollektive Erlebnisse bei der Arbeit zu schaffen und den Teilnehmern gute Möglichkeiten zur aktiven Erholung zu geben. Die gemeinsame Arbeit betrug 4 bis 6 Stunden täglich. Die übrige Zeit wurde durch geistig-kulturelle und sportliche Betätigung bestimmt. Die Schüler wurden für ihre geleistete Arbeit nach den geltenden Bestimmungen entlohnt. Für die Einrichtung der Lager, die Arbeitsorganisation, die Einhaltung der Arbeitsschutzvorschriften, die soziale Betreuung und die Vergütung der Schüler waren die staatlichen und wirtschaftleitenden Organe und die Leitungen der Betriebe verantwortlich. Zur Teilnahme an den Lagern konnten sich Kollektive aber auch einzelne Jugendliche bewerben.

Schülerbrigaden der FDJ

Bei diesen Brigaden handelte es sich um zeitweilige Kollektive von FDJ-Mitgliedern der Oberschulen, die in den Schülerferien freiwillige produktive Arbeit leisteten.

Spezialistenlager

Bei den Spezialistenlagern handelte es sich um eine Form der Feriengestaltung in der DDR, die der Förderung meist schon ausgeprägter Interessen und Neigungen und der Entwicklung von Begabungen und Talenten diente. Von den Volksbildungsorganen wurden Schul-, Kreis- und Bezirksspezialistenlager unter anderem auf den Gebieten der Mathematik, der Sprachen, der Geschichte, der Naturwissenschaften und der Technik, der Kultur und Kunst sowie des Sports und der Touristik durchgeführt.

Zentrale Pionierlager

In der DDR gab es 48 zentrale Pionierlager wovon 35 für die ganzjährige Nutzung zur Verfügung standen. Zentrale Pionierlager für Thälmann-Pioniere und FDJ-Mitglieder wurden meist in den Sommerferien durchgeführt. Die Teilnahme an diesen war eine Auszeichnung und erfolgte i.d.R. durch Delegierung über die Bezirksleitung der FDJ. Darüber hinaus wurden die zentralen Pionierlager als Schulungs- und Spezialistenlager für die FDJ und die Pionierorganisation, Gruppen gesundheitsgeschädigter Kinder, Kinder der Angehörigen der Trägerbetriebe, Delegationen von Kinder- und Jugendorganisationen befreundeter Länder, Lager der Wehrausbildung sowie außerhalb der Ferienzeit für die GST- und ZV-Ausbildung genutzt.

Klaus-Dieter Stamm 28.09.2003

www.DDR-Schulrecht.de (5.1.2015)

In Dierhagen auf dem Fischland hatte der VEB Isolier- und Kältetechnik Rostock ein Kinderferienlager. Unten: Ein Blick in den Speiseraum des Ferienlagers des VEB Chemiehandel in Garz/Rügen.

und der Eingang zum sehr großen Ferienlager der Gewerkschaft Unterricht und Erziehung in Glowe auf Rügen (Baracken).

In Bad Saarow gab es die Ferienlager „Lilo Hermann" und „Feliks Dzierżyński" (Bild oben: 1971. Trägerbetrieb: VEB Bandstahlkombinat Eisenhüttenstadt.
Unten: Das Zentrale Pionierlager gab es am Hölzernen See Kr. Königs Wusterhausen, der Trägerbetrieb war der VEB Elektrokohle Berlin (1976).

PIONIERLAGER „GENERAL SWIERCZEWSKI - WALTER"

Pionierlager „Wladimir Majakowski" in Grünheide/Vogtland, ein Zeltlager.

Das Betriebsferienlager des VEB Kombinat Elbit (Gummiwerke) Torgau in
Dommitzsch (1980), eine Bungalowsiedlung.

Auf diesen Bildern aus dem Betriebsferienlager der IG Wismut in Crispendorf (1972)
sind viele Bereiche des Lagers dargestellt, auch die Küche und die Arztstation.

Das Betriebsferienlager „Siegmund Jähn" des VEB Magnetbandfabrik Dessau.

Der Eingang zum Internationalen Pionierferienlager „Kim Ir Sen" in Prerow/Darß, direkt am Strand gelegen.

Deutsche und polnische Kinder im Ferienlager „Wilhelm Florin" in Prebelow bei Rheinsberg. Trägerbetrieb: Stahl- und Walzwerk Hennigsdorf.

Das Zentrale Pionierlager „Thomas Müntzer" bei seiner Eröffnung 1951
und unten nach dem Umbau 1970.

Das Pionierlager „Thomas Müntzer" war eins der größten, es wurde bei dem Jagd-schloß Rathsfeld auf dem Kyffhäusergebirge 1951 errichtet, und ab 1969 wurden feste Unterkünfte gebaut. Der Trägerbetrieb war der VEB Robotron Optima Büromaschi-nenwerk Erfurt, der das Schloß schon als Ferienheim und Weiterbildungsakademie nutzte. Im Schloß befand sich auch eine Arztstation für das Pionierlager.

Die Pionierrepublik „Ernst Thälmann" in der Berliner Wuhlheide bestand seit 1950.

Das Zentrale Pionierlager „Grete Walter" in Sebnitz – ein funktionaler Neubau.

ZENTRALES PIONIERLAGER
„GRETE WALTER"

Auch wenn die alten Fotos technisch mangelhaft sind, die Atmosphäre im Ferienlager-
wird deutlich,
Oben: Pionierlager „Georgi Dimitroff" in Friedrichroda-Reinhardtsbrunn.
Unten: Pionierlager „Mitschurin" in Raila bei Schleiz im Wetteratal.

Erlebnisse dieser Art bleiben ein Leben lang im Gedächtnis.

In einem Ferienlager 1958 war nicht die technische Ausstattung entscheidend für die Freude der Kinder, viel wichtiger waren verständnisvolle Betreuer mit Ideen.

Im Ferienlager Heimburg im Harz 1959.. Ob sich die Omas von heute noch daran erinnern?

Hier geniert sich keiner, beim Wandern laut zu singen. Welches Lied mag diese Gruppe aus dem Betriebsferienlager Alte Winkelmühle in der Dübener Heide gesunden haben? Vielleicht dieses:

Wir sind jung, die Welt ist offen,
O du schöne, weite Welt!
Unsre Sehnsucht, unser Hoffen
Zieht hinaus durch Wald und Feld.
Bruder, laß den Kopf nicht hängen,
Kannst ja nicht die Sterne sehn.
Aufwärts blicken, vorwärts drängen
Wir sind jung, und das ist schön.

Material zur Anleitung
der Wanderbewegung
der Jungen Pioniere und Schüler

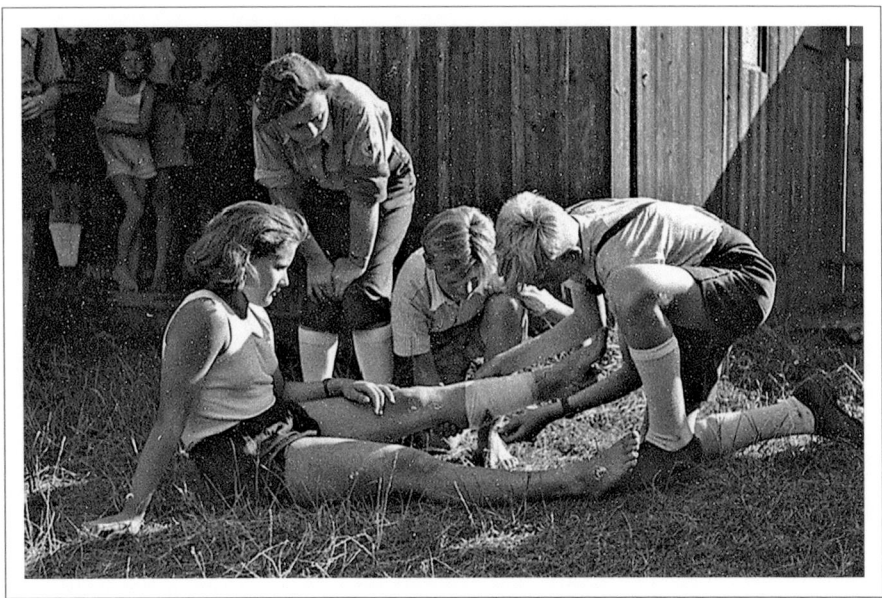

Zeltlager „Junge Freiheit" in Weida/Thür

Pionierrepublik „Ernst Thälmann" in der Wuhlheide, Berlin.

Diese Kinder bereiten sich offenbar auf die Prüung für das Abzeichen „Junger Tourist" vor. Das Abzeichen gab es in drei Stufen.

Das Zentrale Pionierlager „Georgi Dimitroff" in Zschorna (1973) beim Wasserschloß. Das Lager war in der Königsbrücker Heide an einem See sehr schön gelegen. Der Trägerbetrieb war das Stahl- und Walzwerk Riesa.

Betriebsferienlager des VEB Robotron Sömmerda in Massermühle.

Betriebsferienlager „Peter Göring" des VEB BKK Geiseltal in Bad Klosterlausnitz.

Pionierlager „Wladimir Majakowski" in Auerbach im Vogtland (1956)-

Pionierlager „Raymonde Dien" in Trassenheide auf Usedom.

Pionierlager „Hans Kahle" in Cramonshagen, nordwestlich von Schwerin, 1974 (oben)
und das Zentrale Pionierlager „Fritz Heckert" in Malchow-Lenz am Plauer See...

ZENTRALES PIONIERLAGER
„FRITZ HECKERT"
MALCHOW-LENZ (PLAUER SEE)

BFL der Deutschen Post in Fuhlendorf am Bodtstedter Bodden (oben).
BFL „Fiete Jansen" in Glowe auf Rügen des BMK Kohle und Ernergie Hoyerswerda.

BFL Tegeland des VEB Gummiwerk „John Schehr" Schönebeck in Ferchesar bei Rathenow im Havelland. Das Werk hatte in den 1980er Jahren etwa 1.900 Beschäftigte, da lohnte sich schon dieses Ferienlager, Etwa 30 Holzhäuschen mit Großküche und Speiseraum, am Ufer eines Sees im Wald gelegen gehörten dazu und dieses Wohnschiff „John Schehr" als besondere Attraktion.

Pionierlager der IG-Wismut „Ernst Thälmann", Höfchen, Talsperre Kriebstein

Diese inmitten des Thüringer Waldes einsam gelegene Schloßanlage, bestehend aus barocken und klassizistischen Pavillons, die entlang einer Prachtstraße angeordnet sind, stellt eine einmalige architektonische Kostbarkeit dar. Der Park ist eine Schöpfung des Fürsten von Pückler-Muskau und Carl Eduard Petzold, der „Telemann-Saal" war der erste freistehende Konzerthausbau Deutschlands. Die Anlage wurde im wesentlichen im 17. Jahrhundet im Auftrag von Thüringischen Fürsten erbaut und in den folgenden Jahrhunderten mehrfach erweitert und umgebaut.

Die Geschichte dieser Anlage ist bezeichnend für die deutsche Geschichte, und deshalb wird sie hier erwähnt. Zur Zeit der Thüringischen Fürstentümer galt sie auch als „Vorhof von Weimar", doch nicht nur Goethe hielt sich hier auf, auch für Georg Friedrich Telemann, Franz Liszt, Friedrich Hebbel hatte das Schloß eine Bedeutung. Im Dritten Reich fand es als Lazarett und Kriegsgefangenenlager Verwendung. Nach Kriegsende wurden hier Kriegsweisen untergebracht, als Kinderheim bestand es in der Zeit der DDR. Während dieser Zeit wurde die Anlage ihrer Nutzung entsprechend umgestaltet, insbesondere durch Anbauten und die Errichtung neuer Gebäude. Der Telemann-Saal diente als Speisesaal. Neben dem Kinderheim entstand unweit der Schloßanlage das in den Sommerferien 1964 eröffnete Bungalowdorf als Ferienlager der Jungen Pioniere „Maxim Gorki" (Foto unten). Seit 1990 verfällt alles.

Kindererholungsheim der Gewerkschaft Unterricht und Erziehung im Staatlichen Radium-
bad Bad Brambach im Vogtland-
Kinderheim „Berliner Bär" in Plau am See, 1969.

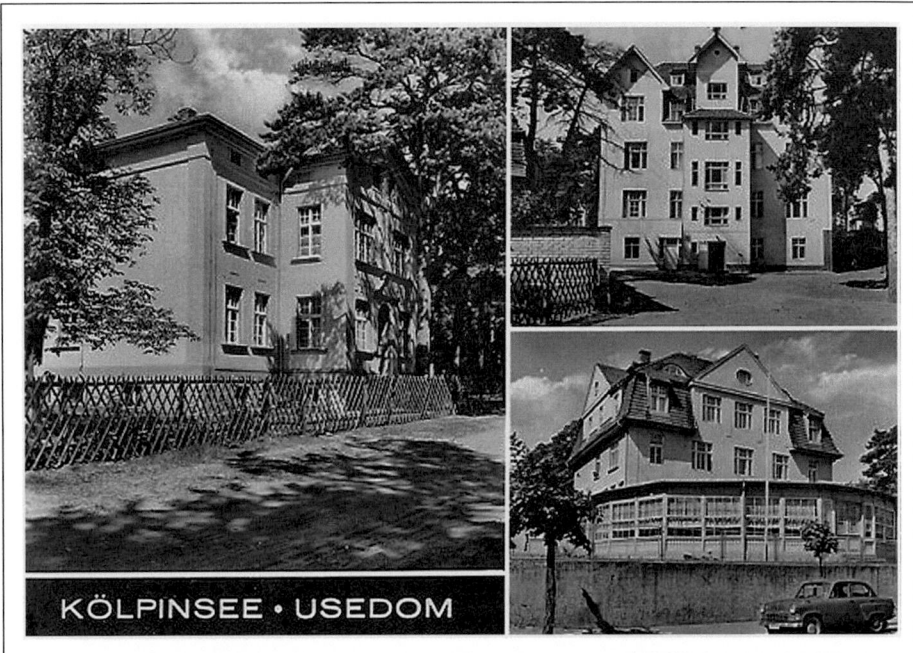

Kindererholungsheim „Sophie Scholl" in Loddin. am Kölpinsee auf Usedom.

Kinderkurheim „Frohe Zukunft" in Wiek auf Rügen.

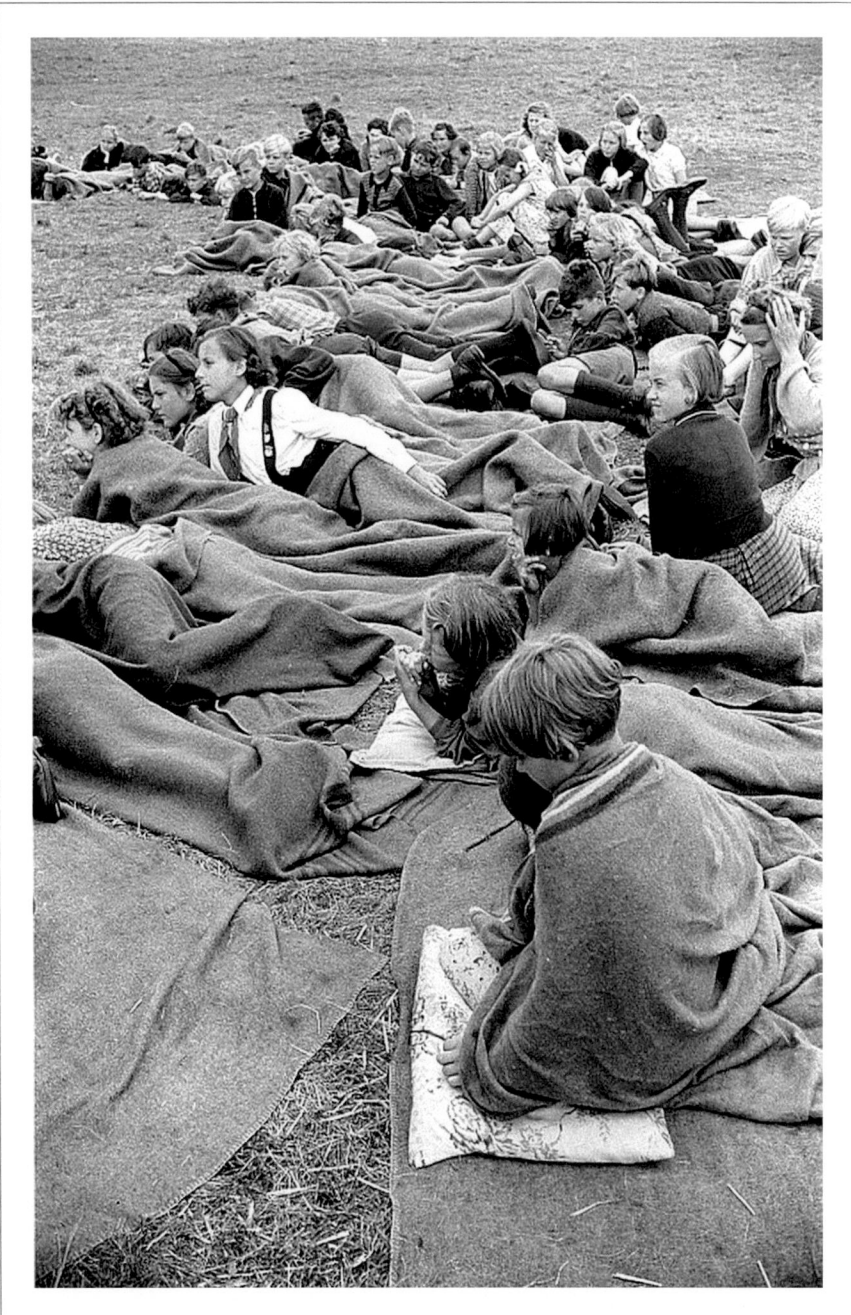

45

Pionierschiffe

Der Dampfer „Vorwärts", 1903 als „Grete Cords" in Rostock gebaut, war das erste Schiff der DDR-Handelsflotte.

Die „Vorwärts"/DHWA hatte eine Länge ü.a. von 67 m, war 9,50 m breit mit einem Tiefgang von 4,30 m und einer Tragfähigkeit von 1550 tdw, sie wurde 1956 noch einmal umgebaut und der Pionierorganisation zur Nutzung übergeben. In dieser Funktion hatte sie bis 1981 am Mühlendamm in Rostock ihren festen Liegeplatz.

Dieser Dampfer war zwar das größte und bekannteste, aber bei weitem nicht das einzige Pionierschiff. Weitere Pionierschiffe waren z.B. „Klaus Störtebeker" (I und II, ehemalige Schulschiffe) des Hauses der Jungen Pioniere Stralsund und die Segelyacht „Immer bereit" der Kreispionierorganisation Ueckermünde. In den Bezirken gab es weitere Segelschiffe, Jollen, ehemalige Fahrgastschiffe und Dienstboote der Behörden für die Heranbildung von Nachwuchskadern für die seemännischen Berufe in den Arbeitsgemeinschaften "Junge Matrosen". Natürlich spielte auch die Nachwuchsgewinnung für die Seestreitkräfte eine Rolle. Daher beinhaltete die Ausbildung neben der Segeltechnik auch die Funktechnik, maritime vormilitärische Ausbildung bis hin zur Taucherei.

Im April 2015 erinnerten sich immer noch einige ehemalige „Junge Matrosen" an den Dampfer. Im Internet konnte man lesen (Rostock-Album):

„Mein Opa ist auf der Grete Cords noch als Moses unterwegs gewesen. Ich war dann später Junger Matrose/Funker auf der Vorwärts. (Thomas Sanftleben)

„War als junger Matrose regelmäßig auf dem Schiff. Die paar Seemannsknoten, die ich kenn, hab ich dort gelernt!" (Christoph Ullrich)

„Da gab es sogar Kinderkino. Da hab ich das erste mal 'Rette sich wer kann' gesehen." (Norbert Franke)

Der Leitende Ingenieur Wolfdietrich Barmwoldt hat eine Erzählung über die Zeit der „Vorwärts" als Pionierschiff mit dem Titel „Jugend unterwegs" geschrieben. Sie ist enthalten in dem von Anke Peters herausgegebenen Buch „Kapitäne erzählen", Hinstorff Verlag, Rostock 2006.

Pionierschiff „Vorwärts" in Rostock.

Pionierschiff „Fritz Weineck" auf der Saale.

Ein „Haus der Jungen Pioniere" als Freizeitzentrum für Kinder und jüngere Jugendliche gab es in vielen Städten. Nach einer Meldung der Zeitung „Neues Deutschland" vom 16.5.1983 waren es in jenem Jahr 142 Pionierhäuser und 192 Stationen Junger Naturforscher und Techniker, in denen den Kindern vielfältige Angebote auf allen Interessengebieten zur Verfügung standen. Die größten Häuser befanden sich verständlicherweise in den größeren Städten.

In Berlin gab es das **Zentralhaus der Jungen Pioniere „German Titow"** in der Lichtenberger Parkaue. „Im Jahr 1982 besuchten mehr als 2.000 Kinder regelmäßig und kostenlos die 130 Arbeitsgemeinschaften, zu denen Elektrotechnik, Chemotechnik, Schiffsmodellbau, Pionierfahrschule, Klub der Kosmonauten, Klub Internationale Freundschaft, Arbeitsgemeinschaft Kunsterziehung, Sinfonieorchester, Volksinstrumentenorchester, Tanz, Ballett, Chor, Pioniertheater, Kabarett, Puppentheater, Schattenspiel, Naturwissenschaft, Schach, Philatelie, Junge Historiker, Tierzucht, verschiedene Sportgruppen gehörten. 38 hauptamtliche und 90 ehrenamtliche Pädagogen leiteten die Interessengruppen. Im Jahresdurchschnitt zählte das Pionierhaus 360.000 junge Besucher aber auch ausländische Gäste, die sich über diese umfangreichen Freizeitangebote informieren konnten." (http://de.wikipedia.org/wiki/Theater_an_der_Parkaue, 1.5.2015) Die Orchester und Chöre des Berliner Zentralhauses hatten ein hohes Niveau und waren gefragt bei großen öffentlichen Veranstaltungen und Schallplattenaufnahmen.

Zwei Pionierhäuser hatten den Rang eines Pionierpalastes. Das waren der **Pionierpalast „Walter Ulbricht" im Schloß Albrechtsberg in Dresden** (seit 1953) und der **Pionierpalast „Ernst Thälmann" in der Berliner Wuhlheide.** Die Pionierrepublik „Ernst Thälmann" gab es in der Wuhlheide bereits seit 1950, nach und nach entstanden auf dem Areal eine Freilichtbühne, ein Stadion, ein künstlich angelegter Badeteich mit Strand und Liegewiese, eine Pioniereisenbahn auf Schmalspur, das Haus Natur und Umwelt und 1979 schließlich der Pionierpalast mit zahlreichen Veranstaltungsräumen, Räumen für Arbeitsgemeinschaften, einem Restaurant, einem Theater, einer Sporthalle, einem Schwimmbad mit acht 50-Meter-Bahnen und als besondere Attraktion mit einem Kosmonautentrainingszentrum. Es waren schließlich 13.000 Quadratmeter gestaltete und bebaute Fläche, das ließen wir uns 180 Millionen Mark kosten.

Ein Buchtipp. Jennifer Horeni: Im Palast der Kinder. Erinnerungen an den Pionierpalast Dresden 1960-1991. Books on Demand, Norderstedt 2011.

Zentralhaus der Jungen Pioniere „German Titow" in Berlin 1969.

Der Pionierpalast „Walter Ulbricht" in Dresden.

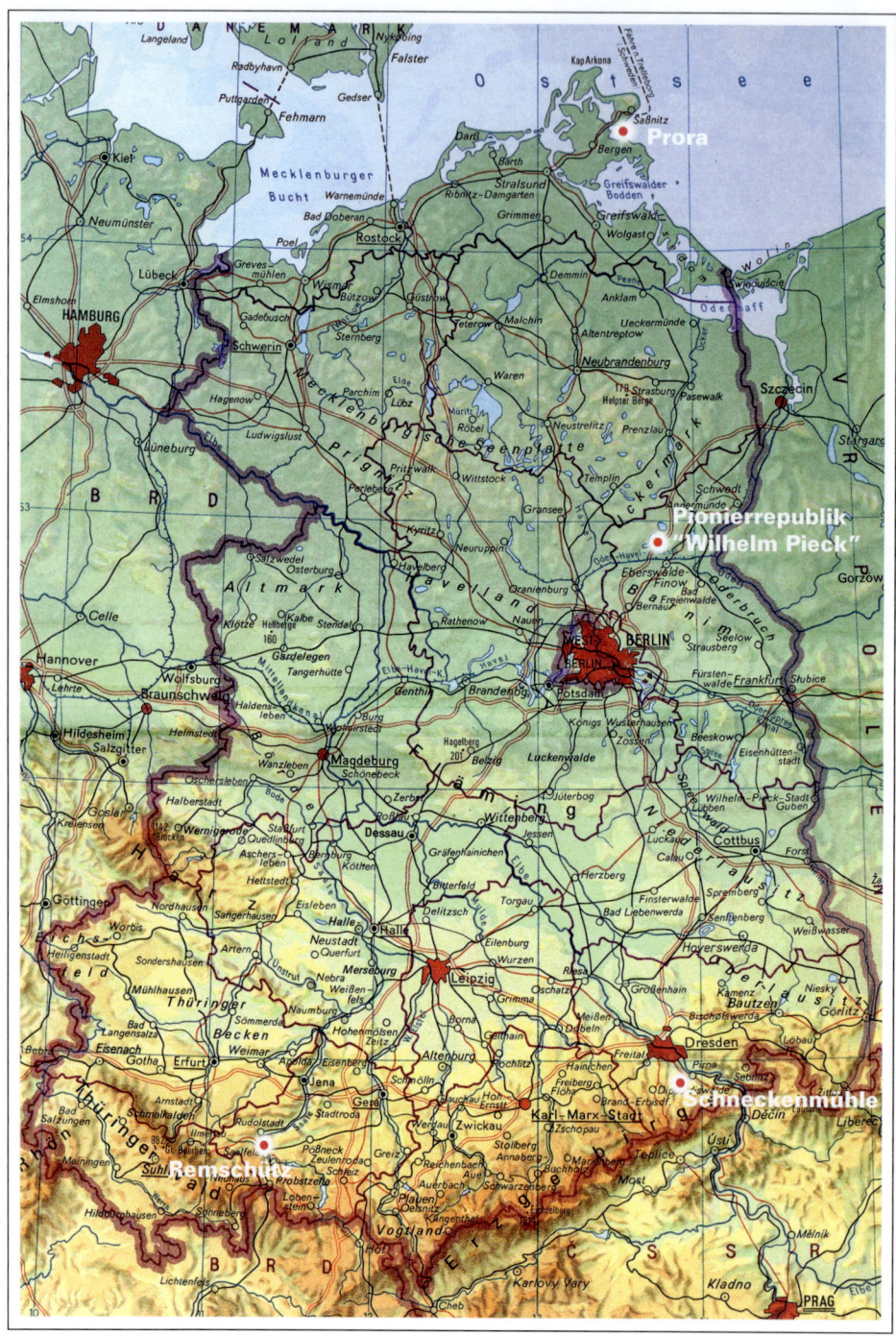

Auf den folgenden Seiten werden einige Ferienlager etwas umfangreicher in Bildern dargestellt. Es sind Ferienlager in unterschiedlichen Regionen, und die Fotos stammen aus unterschiedlichen Zeiten. Tausende Kinder müssen diese Ferienlager kennengelernt haben.

Das zentrale Sommerlager der Jungen Pioniere „Georgi Dimitroff" in Prora auf der Insel Rügen 1949.

Das Betriebsferienlager „Magnus Poser" des VEB Carl Zeiss Jena in Remschütz bei Rudolstadt in ThüringenAnfang der 1950er Jahre.

Das Betriebsferienlager Schneckenmühle der Akademie der Wissenschaften der DDR bei Dresden in Sachsen 1971-74.

Das Internationale Sommerlager 1977 in der Pionierrepublik „Wilhelm Pieck" in Altenhof am Werbellinsee nördlich von Berlin.

Zur groben Orientierung, wo diese Ferienlager zu finden sind, kann die Karte auf der linken Seite dienen.

Das Zentrale Sommerlager der Jungen Pioniere „Georgi Dimitroff" in Prora auf Rügen 1949.

Es muß dies wohl das erste Kinderferienlager in der DDR gewesen sein. Die Kinderorganisation der Jungen Pioniere war noch nicht ein Jahr alt, sie war am 13. Dezember 1948 gegründet worden. Und die Deutsche Demokratische Republik stand erst kurz vor ihrer Gründung am 7. Oktober 1949. Deshalb sehen wir unter all den Fahnen noch nicht eine einzige schwarz-rot-goldene.

Der verheerende 2. Weltkrieg war vor noch nicht einmal fünf Jahren zu Ende gegangen, die Kinder in diesem Sommerlager waren durchweg Kriegskinder, die jetzt in der neuen Friedensordnung erwachsen wurden.

Die Delegationen aus allen Landesteilen führten Schilder mit, auf denen stand, aus welcher Stadt oder welchem Gebiet sie kamen. Auf einigen Fotos sind diese Schilder zu erkennen.

Wer waren die Leiter und Betreuer? Bei dem Modellcharakter des Sommerlagers kann man wohl annehmen, daß es vor allem Mitglieder der am 7. März 1946 (neu-)gegründeten Freien Deutschen Jugend (FDJ) waren. Heute, aus der historischen Entfernung von einem halben Jahrhundert, erkennen wir deutlicher die Ähnlichkeiten in den Riten zwischen Hitler-Jugend und FDJ. Fahnenappelle, Aufmärsche, die jetzt „Demonstrationen" und „Kundgebungen" genannt wurden, auch Ähnlichkeiten in den Organisationsstrukturen) Das waren die üblichen äußeren Formen politischer Organisationen jener Zeit, nicht nur in Deutschland. Daß die politische Orientierung eine grundsätzlich andere war, sollte man bei allen äußeren Ähnlichkeiten nicht übersehen.

Der Ort, an dem dieses Sommer-Zeltlager abgehalten wurde, befand sich auf dem Gelände des halbfertigen KdF-Seebades aus dem Dritten Reich in Prora auf Rügen, und zwar landseitig hinter der geplanten Festhalle, also dem Mittelpunkt der beiden Gebäudereihen. Von Gebäuden konnte genau genommen keine Rede sein, es waren ja nur die halbfertigen und die gesprengten Blöcke. Auf meheren Fotos ist diese gruselige Kulisse zu erkennen. Für ein fröhliches Kinderferienlager nicht gerade stimulierend. Wie mögen die Betreuer den Kindern diese gewaltigen Ruinen direkt vor dem Strand erklärt, was mögen die Kinder darüber gedacht haben?

Die Bilder, die die Kinder im normalen Ferienlager-Ablauf zeigen, haben einen ganz besonderen Reiz. Man sieht mit Freude die Kinder das tun, was Kinder in jedem Ferienlager gerne tun: Toben, Sport treiben, baden, Neues entdecken, wandern, essen. Und man denkt unwillkürlich: Das waren vor über 50 Jahren Kinder – was mag aus ihnen geworden sein?

Die Ruinen des geplanten KdF-Bads und das Sommer-Zeltlager auf einer Lichtung dahinter.

Feierliche Eröffnung des Lagers.
Es müssen einige prominente Redner dabeigewesen sein, Namen sind mir allerdings nicht bekannt. Unter den Offiziellen waren auch einige Offiziere der Kasernierten Volkspolizei (KVP).

Daß ein professioneller Fotograf Aufnahmen von dem Lagerleben gemacht hat, spricht auch für die Bedeutung, die diesem Pionierlager zugemessen wurde. Wir haben dadurch heute die Möglichkeit, das Lager in Prora ganz gut zu dokumentieren.

Am Strand von Prora mit Blick auf Sassnitz und das Kreidekliff der Stubnitz.
Die meisten Kinder in diesem Sommerlager hatten hier sicher ihre erste Begegnung mit der Ostsee.

In einem Ferienlager im Jahre 1949 spielte das Essen zweifellos eine große Rolle. Sehen Sie die Fotos genau an, an der Kleidung, der Haltung und Mimik der Personen kann man viel ablesen und über die ersten Nachkriegsjahre erfahren.

Hier essen offenbar die Berliner Kinder, Vor dem Zelt liegt ein Schild mit dem Wappen der Stadt Berlin.

Die Kochgeschirre der Soldaten sind überall noch in Gebrauch.

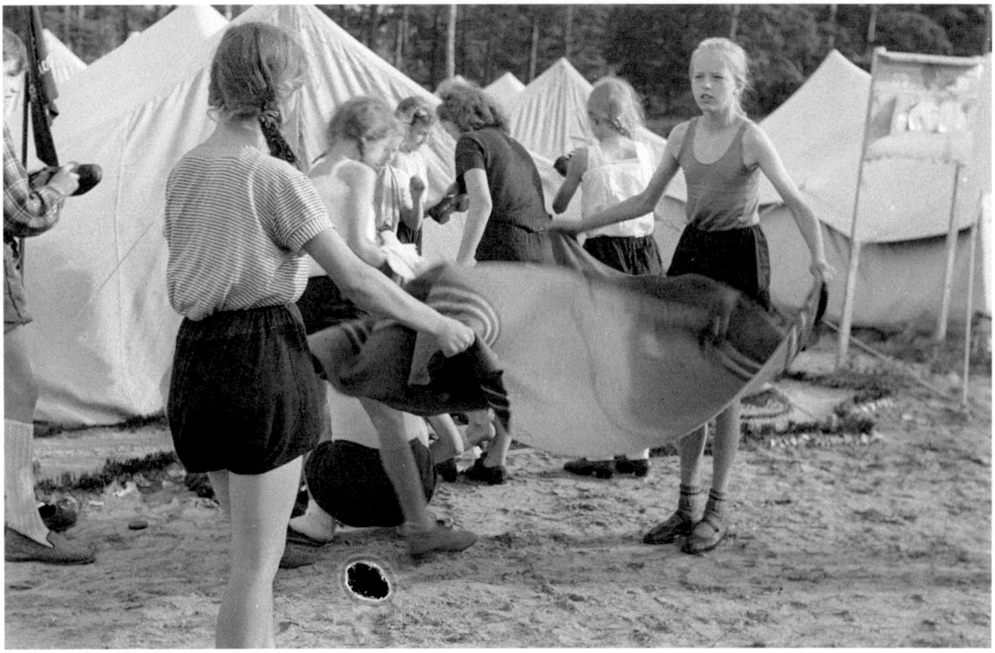

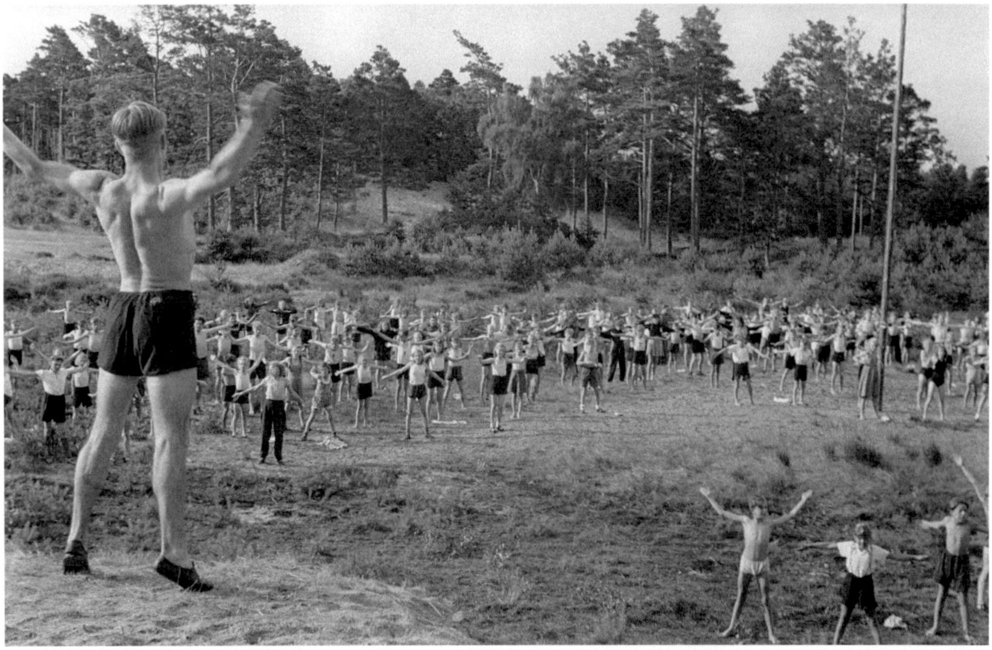

Im Frühling erwachen die Blumen, im Sommer wächst Korn und Klee,
im Herbst, da stürmen die Winde und im Winter schneit's den Schnee.
Wir lieben unsere Heimat, denn sie ist groß und schön,
wir fassen uns fest bei den Händen, wenn wir durch Deutschland gehen.
Ja, wir sind Junge Pioniere, und die sind immer bereit,
um die Heimat zu vereinen in Frieden und Einigkeit.

Im Frühling erlernt man das Singen, im Sommer, da lacht man laut,
im Herbst, da lernt man zu stürmen und dann wird der Schneemann gebaut.
Wir lieben unsere Heimat, und wir lernen und halten uns ran,
weil wir wissen, daß unsere Erde viel schöner noch werden kann.
Ja, wir sind junge Pioniere und die sind immer bereit,
um die Heimat zu vereinen in Frieden und Einigkeit.

Worte: Susanne Speer. Weise: Günter Kochan.

Auch die Jungen konnten oder lernten hier, ihre Strümpfe zu stopfen.

Ausmarsch aus dem Lager zu einer offenbar größeren Wanderung.

Die Verpflegung für diesen Tag kommt auf einem LKW nach.

Der LKW ist mit einem Holzgasofen ausgerüstet. In dem Kessel hinter dem Fahrerhaus wird Holz vergast, mit dem Gas wird der Motor angetrieben. Für längere Strecken führte solch ein LKW einen entsprechenden Holzvorrat mit.

Auf dem Foto links kommt auch einmal der Fotograf ins Bild.

Auf dem Foto auf der rechten Seite wird offenbar Milch ausgegeben. Ein Junge scheint darüber Buch zu führen.

81

83

85

Ein großes Ereignis: Fußballspiel der Erwachsenen, und zwar barfuß
Hemden gegen ohne Hemden.

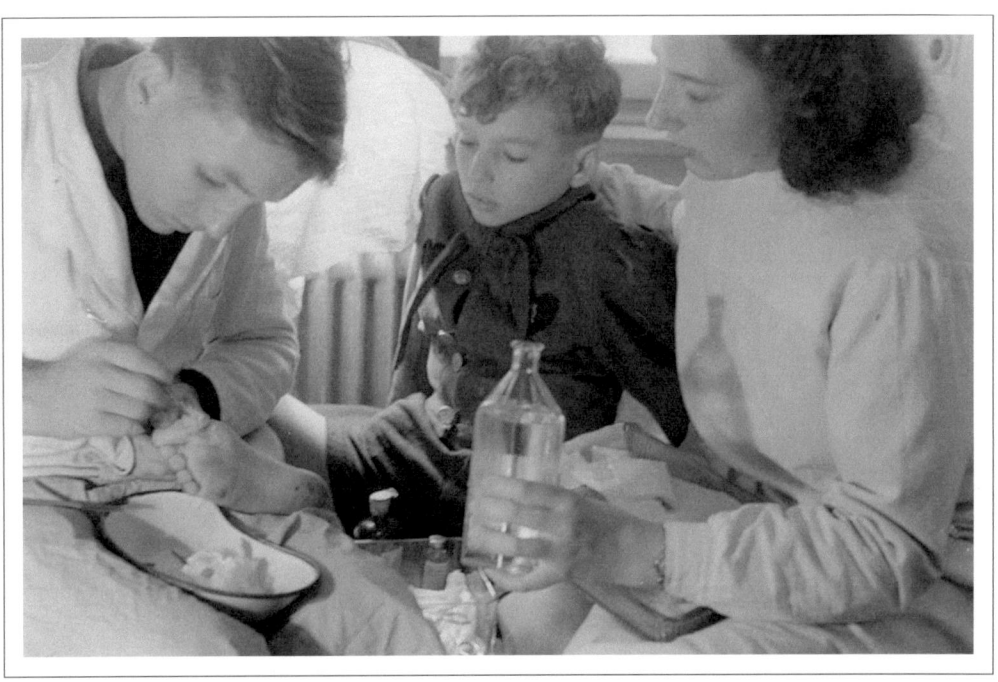

Es herrscht der Frieden.

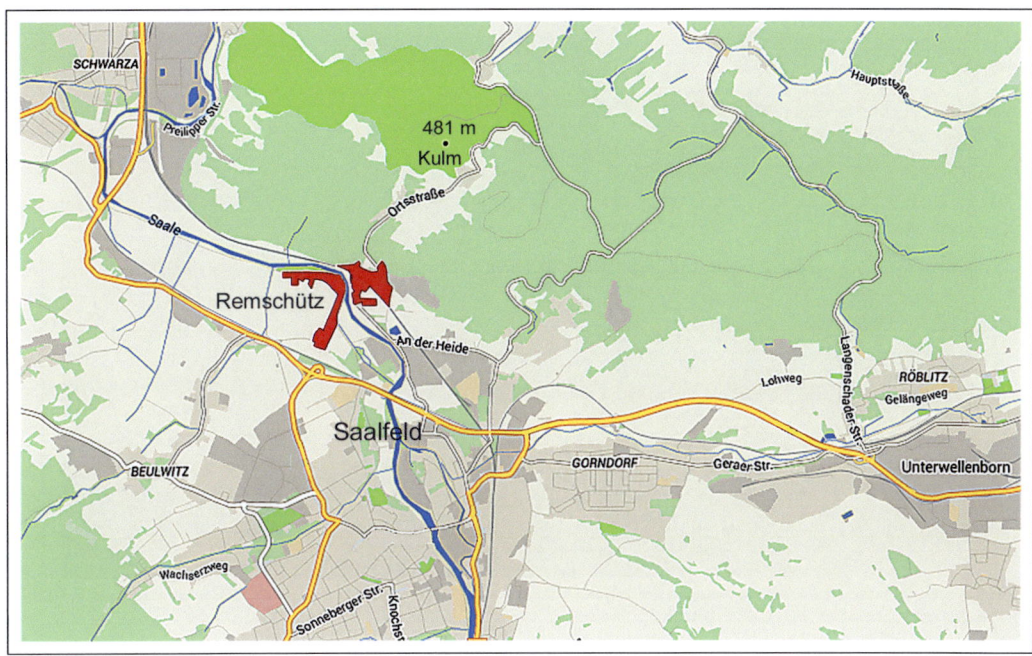

Remschütz ist heute ein Stadtteil von Saalfeld, es liegt etwa 3 km saaleabwärts des Stadtzentrums von Saalfeld und unterhalb des Kulm(berges). Im Norden bis Nordosten ist Remschütz von bewaldeten Bergen gesäumt, zu denen auch der Kulm gehört. Durch seine Lage im Saaletal ist das Klima recht mild. Die Saale fließt durch Remschütz und trennt den Ort somit in zwei Teile. Nordwestlich von Remschütz beginnt nach ca 2,5 km der Rudolstädter Ortsteil Schwarza. Nicht viel weiter in östlicher Richtung liegt Unterwellenborn, und zu den Stauseen von Eichigt und Hohenwarte ist es weniger als 10 km. Für ein Kinderferienlager bietet sich hier viel Abwechslung.

Der VEB Carl Zeiss Jena war ein Kombinat mit schließlich 25 Betrieben und nahezu 70.000 Beschäftigten an zahlreichen Standorten. Aber auch schon zur Zeit des Zeltlagers „Magnus Poser" in den 1950er Jahren kamen die Kinder sicherlich nicht nur aus Jena. Die Struktur des Lagers war typisch für jene Jahre: ein Zeltlager mit einigen festen Gebäuden für Küche, Speisesaal, Krankenstation, Aufenthaltsraum, Unterbringung von Spiel und Sportgeräten u.a. Hier hat es aber offenbar auch eine Unterbringung (für die jüngeren?) Kinder in festen Gebäuden gegeben. Auffällig am Zeltlager sind die relativ kleinen runden Spitzzelte. Es scheint so, als hätte dieser Durchgang nicht viel Glück mit dem Wetter gehabt.

Der Nachwuchs für die Carl-Zeiss-Werke.

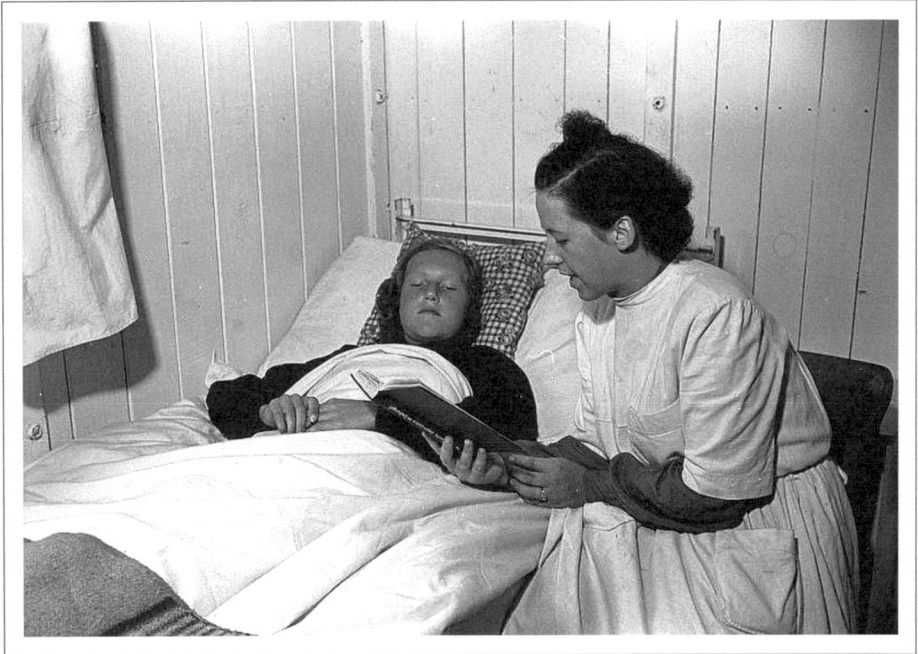

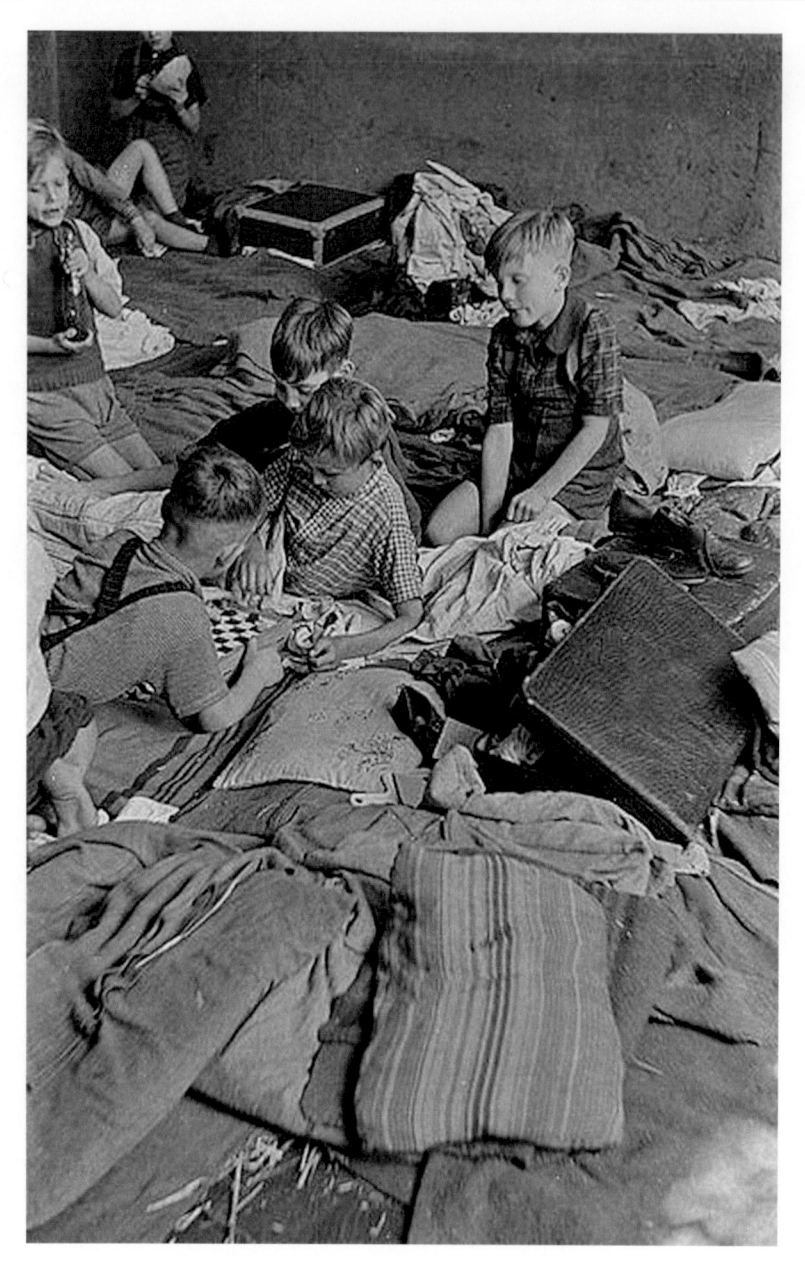

Der Aussichtsturm auf dem Kulm und ein Blick von der Plattform des Turms.

In Schneckenmühle, etwa 30 km südlich von Dresden, im Mittleren Seidewitztal befand sich das Ferienlager der Akademie der Wissenschaften der DDR. Hier konnten 90 bis 100 Kinder pro Durchgang einen dreiwöchigen Ferienaufenthalt verleben. Die Kinder (und auch die Helfer) kamen nicht nur aus Berlin, sondern aus allen Orten, an denen die Akademie Institute hatte. Pro Kind waren 12 Mark zu zahlen.

Das Lager hatte nur feste Gebäude, und zwar ein Hauptgebäude mit Küche und Speiseraum, einer Krankenstation mit einem Schwesternzimmer, Räume für die Lagerleitung und die Gruppenleiter, Gästezimmer sowie Wasch- und Duschräume. Der Speiseraum wurde auch als Bastel-, Mal, Spiel- und Discoraum genutzt. In einem Nebengebäude befand sich eine Kegelbahn sowie ein Bastelraum mit einem Brennofen für Emailarbeiten.

Die Kinder waren in Baracken untergebracht, die Jüngsten wohnten im „Krümel", die Ältesten im „Lulatsch". „Julchen-Rieke" und „Jette-Nante" waren Doppelbaracken, im „Goliath" mehrere Gruppen.

Die Nähe zur Sächsischen Schweiz machte Ausflüge in die Berge möglich, auch zur Felsenbühne Rathen, nach Liebstadt, Pirna und Dresden. Das Ferienlager hatte eine Außenstation in Zinnwald, dort standen drei große Zelte. Die folgenden Fotos von Peter Behrens stammen aus diesem Lager aus den Jahren 1970-74.

110

Die Schneckenmühle, oben in einer älteren Aufnahme, unten mit den Betreuern des Ferienlagers.

Im Elbsandsteingebirge. Aufstieg bis zum Gipfel.

Gedenken an die antifaschistische Widerstandsgruppe der „Roten Bergsteiger".

In der Ausrüstung zum Besuch des Silberbergwerks.

Die „Jette"- Gruppe 1973.
Und das hier unten müssen wohl die „Lulatsche" sein (1971).

Im Außenlager Zinnwald schlief man in Zelten.

Ein Blick auf den Tacho: Wieviel macht der?"

127

128

Hochzeit spielen. Es sieht aus wie im wirklichen Leben.

131

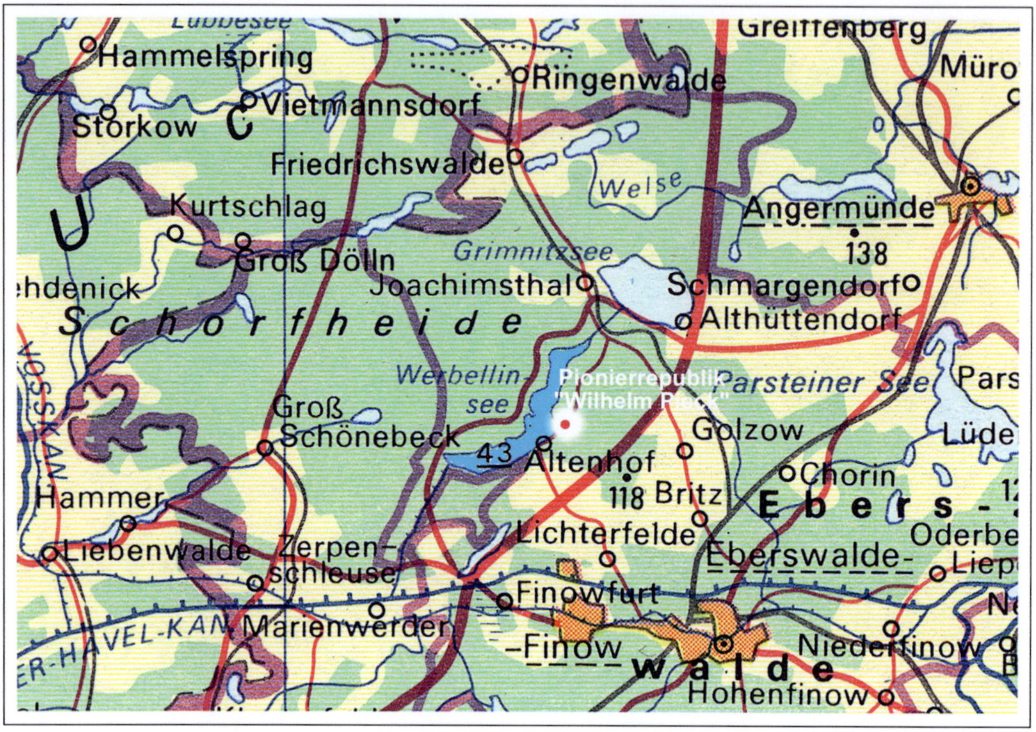

2014: Die ehemalige Pionierrepublik mit den denkmalgeschützten Gebäuden ist ein Objekt der Europäischen Jugendbildungs- und Jugendbegegnungsstätte GmbH (EJB).

Die Pionierrepublik „Wilhelm Pieck"

Eine erste Pionierrepublik gab es schon seit 1950 in der Berliner Wuhlheide. Ein jahr später wurde mit dem Bau der ausgedehnten Pionierrepublik bei Altenhof am Werbellinsee begonnen. Es war ein ideales Gelände für ein Ferienlager, Wald und Hügel bis an den schönen See. Mit dem Entwurf der Gebäudeensemble wurde der renommierte Architekt Richard Paulick (1903-1979) beauftragt, die Landschaftsgestaltung wurde Reinhold Lingner übertragen. Wie Inseln im Wald sollten vier Teillager gebaut werden, dazu ein Stadion und diverse Sportanlagen, eine Freilichtbühne, eine Schwimmbahn außer den separaten Badestränden für die vier Teillager, ein Schule, Wohnungen und Kinderkrippe/Kindergarten für Lehrer und Betreuer, Großküchen mit Speisesälen, Verwaltungsgebäude.

Verwirklicht wurden nur die Teillager I und II mit einer Kapazität für 1000 Kinder auf einer Fläche von über 100 Hektar. Insgesamt weilten etwa 400.000 Kinder in der Pionierrepublik.

Am 16. Juli 1952 wurde die Pionierrepublik von Wilhelm Pieck, dem Päsidenten der DDR, eröffnet. Sie war unter seinem Namen bis 1989, also 37 Jahre lang, tätig.

Natürlich war die Pionierrepublik kein gewöhnliches Ferienlager. Dreimal im Jahr wurden sechswöchige Kurse für Pionierräte aus der ganzen Republik durchgeführt. Für eine Delegierung zu solch einem Kurs kamen nur Kinder mit sehr guten schulischen Leistungen in Frage, die auch in der Pionierorganisation aktiv waren. In der Pionierrepublik besuchten sie eine Schule, die hohe Anforderungen stellte. Durchweg spielte die gesellschaftspolitische Erziehung und Bildung eine große Rolle.

Der Höhepunkt jedoch war das Internationale Sommerlager im Juli/August. Da waren Kindergruppen mit ihren Betreuern aus nahezu 50 Ländern zu Gast. Das waren nicht nur Kinder aus den Kinderorganisationen der sozialistischen Länder, auch Pfadfinder und ähnliche Gruppen aus Westeuropa, Afrika, Asien, Amerika waren vertreten. Die Eröffnung fand in feierlicher Form nach dem Vorbild der Olympischen Spiele statt. An der Spitze jeder Länderdelegation trug ein DDR-Pionier ein Schild mit dem Namen des Landes, dann folgte hinter dem Fahnenträger die Gruppe. Manchmal war eine Gruppe nur sehr klein, eine weite Reise war teuer, obwohl die DDR hier viel Unterstützung gab.

Im Sommerlager 1977 hatte ich Gelegenheit, in der Pionierrepublik zu fotografieren, und das war ein einmaliges Erlebnis. Zu erleben, wie Kinder aus unterschiedlichen Erdteilen allmählich zueinanderfanden, ja Freundschaften schlossen, das war schon sehr beeindruckend. Bei den sportlichen Wettkämpfen im Stadion, beim Baden im See, beim Tee in der mongolischen Jurte oder einfach auf dem Rasen – immer wieder gab es die wunderbarsten Szenen. Aus verschiedenen Gründen hatte ich besondere Kontakte zu den Delegationen aus Tansania und Palästina. Daher habe ich von ihnen die meisten Fotos. Ich wünschte, ich könnte sie alle noch einmal sehen.

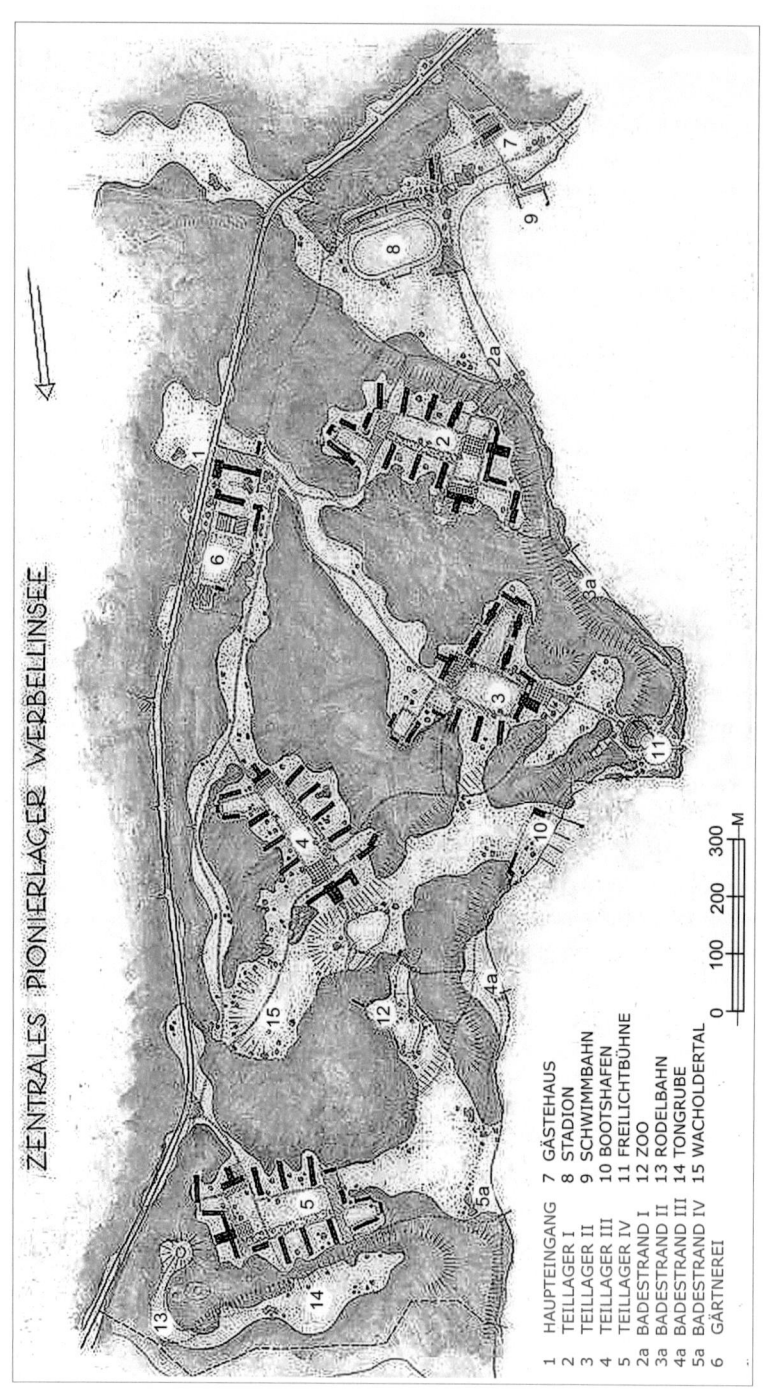

ZENTRALES PIONIERLAGER WERBELLINSEE

1   HAUPTEINGANG
2   TEILLAGER I
3   TEILLAGER II
4   TEILLAGER III
5   TEILLAGER IV
2a BADESTRAND I
3a BADESTRAND II
4a BADESTRAND III
5a BADESTRAND IV
6   GÄRTNEREI

7   GÄSTEHAUS
8   STADION
9   SCHWIMMBAHN
10 BOOTSHAFEN
11 FREILICHTBÜHNE
12 ZOO
13 RODELBAHN
14 TONGRUBE
15 WACHOLDERTAL

0   100   200   300
M

134

Der Haupteingang.

Pionierrepublik „Wilhelm Pieck" Altenhof / Schorfheide

Pionierrepublik „Wilhelm Pieck" Altenhof / Schorfheide

Pionierrepublik „Wilhelm Pieck" Altenhof/Schorfheide

PIONIERREPUBLIK „WILHELM PIECK"

Speisesaal außen und innen.

Junge Pioniere gratulieren dem Staatspräsidenten zum 75. Geburtstag.

Das war in dem Jahr, in dem mit dem Bau der Pionierrepublik begonnen wurde.

Oben: Belgien, Berlin (West), BRD, Chile, ČSSR . . .

Unten: Indien, VR Kongo, VR Bulgarien, Angola, USA . . .

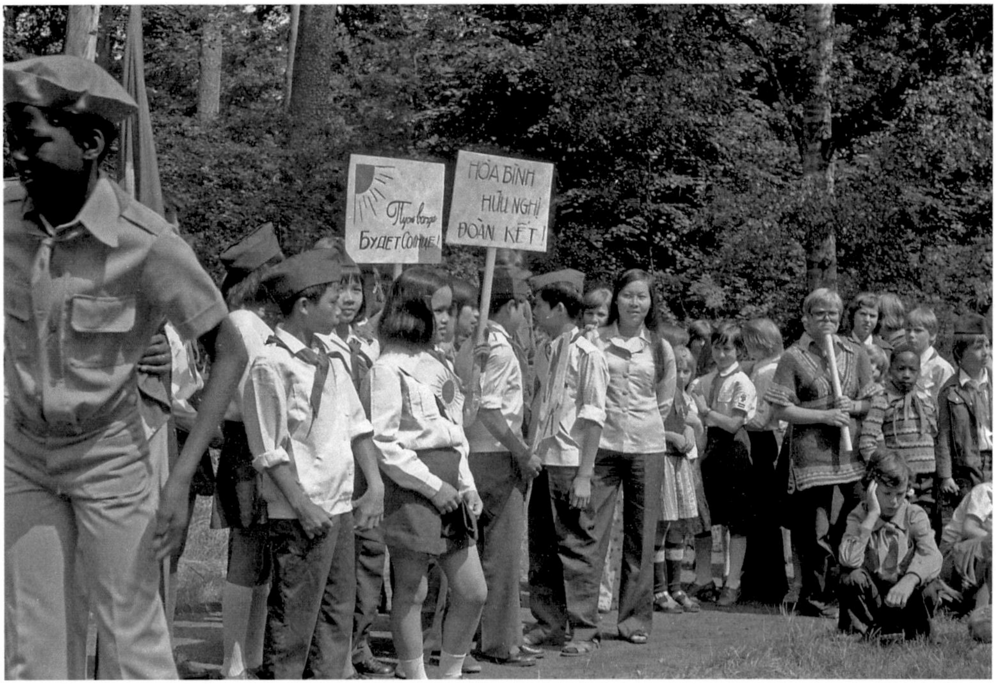

144

Ein bestaunter Sänger aus der VDR Jemen.

146

1977 war der 60, Jahrestag der Oktoberrevolution und das 25. Jahr der Pionierrepublik.
Der Chor des Zentralhauses der Jungen Pioniere „German Titow" Berlin und eine indische Tanz-
gruppe auf der Freilichtbühne. Rechts neben dem Chor stehend deren Leiterin Carola Marquardt.

Die Mitglieder der palästinensischen Delegation waren am Anfang an ihren Schultertüchern leicht zu erkennen, später trugen dann auch andere die Kufija. In der Mitte der Gruppe mit Blick zum Fotografen sitzt einer der Leiter, der Schriftsteller Zein al-Abedin al-Husseini. Die Kinderorganisation der PLO nannte sich „Junge Löwen".

Rabah aus der palästinensischen Delegation im Gespräch mit dem Autor.

Das ist Osama aus der palästinensischen Delegation.

Er war der mit Abstand kleinste und schmächtigste und kam direkt aus einem Flüchtlingslager. Er hatte keine Eltern mehr, war sehr scheu, und es war schwer, sein Vertrauen zu gewinnen. Er war mutig und trat bei der Spartakiade in mehreren Disziplinen gegen viel größere Kinder an. Seine lange Hose zog er aber auch bei den Wettkämpfen nicht aus. Und natürlich trat er immer barfuß an. Wir haben ihn alle sehr lieb gehabt. Am Ende hat er sogar mehrmals gelächelt.

Auch an diesem Sprint-Wettbewerb nahm Osama teil.
Ob er eine Medaille gewonnen hat, weiß ich nicht mehr.

Die Siegerehrungen im Stadion
mit Urkunden und Meaillen
und Rundfunk-Interviews.

Oben: Junge Pioniere aus Berlin (West).. Unten: Die Palästinenser sammeln Medaillen.

Kinder Palästinas im Porträt.

160

Er war für die VR Kongo hier.

Und mein Freund Hamisi aus Tansania soll den Schluß machen. Ob er sich an seine weite Reise in die deutsche Pionierrepublik noch erinnert?

Personen, nach denen Ferienlager benannt wurden.

In der DDR war es wie in der Sowjetunion üblich, nicht nur Straßen und Plätze, sondern auch Städte, Betriebe, Schiffe, Schulen und eben auch Ferienheime und Kinderferienlager nach Persönlichkeiten zu benennen, auch nach noch lebenden. Diese Form der Ehrung ist in mehrfacher Hinsicht problematisch. Es kann sich zum Beispiel später herausstellen, daß eine Person diese Ehrung nicht verdient, wie es bei J.W. Stalin (1878-1953) der Fall war. Nach der grundsätzlichen Kritik an Stalin in der Rede des Ersten Sekretärs der KPdSU N.S. Chruschtschow 1956 wurden die Ehrungen überall nach und nach rückgängig gemacht. Um nur zwei markante Beispiele aus der DDR zu nennen: Aus Stalinstadt (errichtet 1953) wurde im Jahre 1961 Eisenhüttenstadt, aus der Berliner Stalinallee wurden Karl-Marx-Allee und Frankfurter Allee.

Ein weiteres Problem kann sich daraus ergeben, daß die Wahl eines Namens die moralische oder diplomatische Verpflichtung nach zieht, weitere Personen auf diese Weise zu ehren. So finden wir seit den 1950er Jahren die Namen der Staatsoberhäupter aller sozialistischen Staaten bei Ferienheimen und Ferienlagern, auch wenn sie den meisten gar nicht so recht bekannt waren. Da zog offensichtlich ein Name alle anderen nach bis zu dem für Deutsche kaum aussprechbaren Namen des rumänischen Staatsoberhaupts Gheorghe Gheorghiu-Dej. Merkwürdigerweise fehlt dabei China, aber Enver Hodscha als Staatsoberhaupt Albaniens ist vertreten.

Antifaschistische Widerstandskämpfer einschließlich der Spanienkämpfer auf diese Weise zu ehren ist prinzipiell sicherlich richtig, aber ihre Zahl ist nicht gering, wen soll man also weglassen?

Eine Reihe geschichtlich gesicherter Namen gab es natürlich, doch das führte wieder zu einer „Schwemme" von Karl Marx, Friedrich Engels, Karl Liebknecht, Rosa Luxemburg, Georgi Dimitroff usw. Dadurch verloren die Namen dieser wirklich verdienstvollen Persönlichkeiten an Wertschätzung.

Wie man an den Straßennamen sieht, kann man mit der Benennung nach Schriftstellern, Künstlern, Musikern nicht viel falsch machen. Grundsätzlich verbieten sich Benennungen nach noch lebenden Personen, doch auch das gab es in der DDR. So waren der Pionierpalast Dresden und ein großes FDGB-Ferienheim nach Walter Ulbricht benannt.

Man könnte darüber reden, ob es überhaupt sinnvoll ist, Betrieben, Straßen und Ferienheimen die Namen von Personen zu verleihen. Was wären die Alternativen? „Tanneck", „Meeresblick". „Wiesengrund"? Oder einfach Nummern? Doch ein Bezug zu geografischen Merkwürdigkeiten, historischen Bauwerken, lokalen Sagengestalten (aber nicht noch mehr „Störtebecker"!) wären sinnvoll. Bei Ferienlagern kämen noch die Namen der Helden aus der Kinderliteratur dazu.

In der DDR wollte man mit der Verleihung von Namen aus der Politik, aus dem antifaschistischen Widertand diese Personen ehren und im Falle der Kinderferienlager eine erzieherische Richtung vorgeben. Für die Ehrung hätten die anderen, schon genutzten Möglichkeiten genügt, und für eine staatsbürgerliche, antifaschistische Erziehung war in jedem Fall das Betreuungspersonal eines Lagers entscheidend, da tat der Name des Lagers wenig zur Sache.

Andersen-Nexö, Martin

* 26.6.1869 Kopenhagen, † 1.6.1954 Dresden. Schriftsteller.

Dänischer Schriftsteller, lebte seit 1952 in Dresden. Sein bekanntestes Werk ist der Roman „Pelle der Eroberer" (1910) mit autobiografischen Zügen. Er beschreibt das harte Leben der Bauern, Fischer, Arbeiter auf der Insel Bornholm.

Namensträger: Zentrales Pionierlager PL Graal-Müritz; Kinderferienlager in Katzhütte.

André, Edgar (eigentlich Etkar Josef André)

* 17. 1.1894 in Aachen, † 4. 11.1936 in Hamburg. KPD-Politiker.

Zunächst Mitglied der Sozialistischen Arbeiterjugend Deutschlands und der SPD, seit 1923 der KPD. Politisch aktiv in Nordwestdeutschland. Nach dem Reichstagsbrand wurde er 1933 von der Gestapo verhaftet, dreieinhalb Jahr in der Haft gefoltert, 1936 auf Befehl Hitlers hingerichtet. Bekannt geworden sind seine Worte aus der 32 Tage dauernden Gerichtsverhandlung: „Ihre Ehre ist nicht meine Ehre, denn uns trennen Weltanschauungen, uns trennen Klassen, uns trennt eine tiefe Kluft. Sollten Sie hier das Unmögliche möglich machen und einen unschuldigen Kämpfer zum Richtblock bringen, so bin ich bereit, diesen schweren Gang zu gehen. Ich will keine Gnade! Als Kämpfer habe ich gelebt und als Kämpfer werde ich sterben mit den letzten Worten: Es lebe der Kommunismus." Im Spanischen Bürgerkrieg 1936-39 trug ein Bataillon seinen Namen.

Namensträger: Zentrales Pionierlager bei Göhren auf Rügen.

Angenfort, Jupp

* 9.1.1924 in Düsseldorf; † 13.3.2010 Düsseldorf. Politiker (KPD/DKP).

1943 in sowjetischer Kriegsgefangenschaft Mitglied des Nationalkomitees Freies Deutschland (NKFD). Nach Kriegsende in Düsseldorf Vorsitzender Jugendorganisation Freie Deutsche Jugend in Westdeutschland; Landtagsabgeordneter. 1951 wurde die FDJ von der Bundesregierung verboten, weil sie gegen das Demonstrationsverbot verstoßen, zum Ungehorsam gegen geltende Anordnungen und damit den Bundeskanzler und den Bundespräsidenten bei der Ausübung staatlicher und politischer Befugnisse behindert habe. Jupp Angenfort wurde zu einer fünfjährigen Zuchthausstrafe verurteilt. 1957 begnadigt, er wurde Mitglied der illegalen Leitung der KPD und dann Präsidiumsmitglied der DKP. 1962 erneut verhaftet. Er floh daraufhin von einem Gefangenentransport, ging in die Illegalität und brachte sich später in der DDR in Sicherheit. Von 1988 bis 2002 war er Landesvorsitzender der Vereinigung der Verfolgten des Naziregimes – Bund der Antifaschisten (VVN-BdA) in Nordrhein-Westfalen.

Namensträger: Pionierlager in Putbus auf Rügen.

Arndt, Ernst Moritz

26.12.1769 in Groß Schoritz (Rügen), † 29.1.1860 in Bonn. Schriftsteller, Historiker, nationalistischer Freiheitskämpfer.

Abgeordneter der Frankfurter Nationalversammlung. Er widmete sich hauptsächlich der Mobilisierung gegen die Besatzung Deutschlands durch Napoleon. Er gilt als einer der bedeutendsten Lyriker der Epoche der Freiheitskriege. 1800 wurde er Professor für Geschichte an der Universität Greifswald. 1803 wurde Arndt nach dem Erscheinen seines „Versuchs einer Geschichte der Leibeigenschaft in Pommern und Rügen" von adligen Gutsbesitzern verklagt. Darin hatte er voller Empörung das Bauernlegen und die Leibeigenschaft in Vergangenheit und Gegenwart kritisiert.

Von 1806-09 lebte er im schwedischen Exil, 1812-13 in Petersburg als Sekretär des Freiherrn vom Stein.

Als patriotischer Literat verdammte er alles „Fremde": „....laßt uns unsre Franzosen, die Entehrer und Verwüster unserer Kraft und Unschuld, nur noch frischer hassen, wo wir fühlen, daß sie unsere Tugend und Stärke verweichlichen und entnerven."

Forderungen nach Dialog, Humanität und Toleranz gegenüber Juden bezeichnete Arndt als „Allerweltsphilosophie und Allerweltliebe", die Zeichen von „Schwächlichkeit und Jämmerlichkeit" seien. Noch im Alter wandte sich Arndt gegen die „unruhigen, neugierigen und alles betastenden und umwühlenden Hebräer".

Man kann Arndt für seine demokratischen Gedanken und als deutschen Patrioten in Zeiten fremder Besatzung loben, andererseits darf man nicht verkennen, daß er auch Nationalist mit chauvinistischen Tendenzen war.

Namensträger: FDGB-FH in Dierhagen, Ernst-Moritz-Arndt-Turm auf dem Rugard bei Bergen (Rügen), errichtet 1869-77, 26,7 m hoch.

Arndt, Rudi

* 26.4.1909 in Berlin; † 3.5.1940 im KZ Buchenwald. Kommunist und Widerstandskämpfer gegen den Nationalsozialismus.

Mitglied und Leiter einer linken jüdischen Jugendgruppe in Berlin; seit 1928 Mitlied des Kommunistischen Jugendverbandes Deutschlands (KJVD), dort Mitglied des Zentralkomitees. Auch nach 1933 beteiligte sich Rudi Arndt im Ruhrgebiet und in Berlin am illegalen Kampf gegen das NS-Regime. Er wurde bereits im Oktober 1933 verhaftet und im Oktober 1934 zu drei Jahren Zuchthaus verurteilt. Nach Verbüßung seiner Haftzeit kam Arndt in die Konzentrationslager Sachsenhausen und Dacau. 1938 als „politischer Jude" ins KZ Buchenwald deportiert. Dort setzte er sich als Krankenpfleger sehr für die jüdischen Patienten ein. Nach einer Denunziation durch kriminelle Häftlinge im Steinbruch wurde er von der SS vorgeblich „auf der Flucht" erschossen.

Namensträger: Pionierlager in Oybin.

Beimler, Hans

* 2. Juli 1895 in München; † 1. Dezember 1936 vor Madrid. KPD-Politiker, Spanienkämpfer.

Er wurde bekannt als Reichstagsabgeordneter der KPD und als Politischer Kommissar des Thälmann-Bataillons der XI. Internationalen Brigade im Spanischen Bürgerkrieg 1936-39. - Im Mai 1933 gelang ihm die Flucht aus dem KZ Dachau, im selben Jahr erschien seine Broschüre „Im Mörderlager Dachau", das war der erste authentische Bericht über die Zustände in einem faschistischen KZ. 1936 ging Beimler nach Barcelona, um mit der Aufstellung des Thälmann-Bataillons und der Internationalen Brigaden die republikanische Seite zu unterstützen. Er wurde politischer Kommissar aller deutschen Bataillone. Am 1.12.1936 fiel er durch die Kugel eines spanischen Scharfschützen. Vom Tage der Aufbahrung in Madrid bis zu seiner Beisetzung auf dem Bergfriedhof Montjuïc in Katalonien nahmen mehr als zwei Millionen Spanier von Hans Beimler Abschied.

Namensträger: Pionier-Ferienlager in Beichlingen am Windberg (Bez. Erfurt); Pionier-Ferienlager der NVA in Bärenstein; Pionier-Ferienlager Lenzer Höh am Plauer See.

Bierut, Bolesław

18.4.1892 in Rury Brigidkowskie; † 12.3.1956 in Moskau. Polnischer kommunistischer Politiker.

Wurde 1947 vom Sejm (Parlament) zum Staatspräsidenten gewählt, 1952 Ministerpräsident. Strebte die Umgestaltung der Volksrepublik Polen nach dem Vorbild der Sowjetunion unter Stalin an. 1949 erkannten Bolesław Bierut und Wilhelm Pieck als Repräsentanten ihrer Regierungen die Oder-Neiße-Grenze als völkerrechtlich verbindliche Landesgrenze an.

Namensträger: Zentrales Pionierlager in Ahlbeck auf Usedom.

Bürger, Kurt

* 27.8.1894 in Karlsruhe; † 28.7.in Schwerin. KPD-Politiker.

1912 bis 1918 Mitglied in der SPD; Anfang 1919 war er Mitbegründer der KPD in Bayern. Im April/ Mai 1919 nahm er als Kommandeur einer Abteilung der Roten Armee der Bayerischen Räterepublik an deren Verteidigung teil. Von 1929 bis 1933 arbeitete er im Apparat des Zentralkomitees der KPD. Nach Errichtung der NS-Diktatur leitete Bürger zunächst den Kurier- und Verbindungsdienst des ZK. 1933 erhielt er das Pseudonym Kurt Bürger, das er bis zu seinem Tode beibehielt. Im Dezember 1933 emigrierte Bürger auf Beschluss des ZK der KPD in die Sowjetunion. Von 1936 bis 1937 nahm er als Kommandeur im Stab der Internationalen Brigade in Albacete am Spanischen Bürgerkrieg teil. Er wurde im Dezember 1945 Landesvorsitzender der KPD für Mecklenburg, 1946 Mitglied des Parteivorstandes der SED, 1951 zum Ministerpräsidenten des Landes Mecklenburg gewählt. Bereits neun Tage später erlag er den Folgen eines Herzversagens.

Namensträger: FDGB-Erholungsheim in Ahlbeck; Zentrales Pionierlager in Parchim.

Dien, Raymonde

* 13.5.1929 in Mansigné. Französische Friedensaktivistin.

Die Französin, von Beruf Stenotypistin, wurde dadurch bekannt, daß sie mit anderen Anhängern der KP einen für den Indochina-Krieg bestimmten Zug mit Kriegsmaterial aufhielt, indem sie sich vor den Zug auf die Schienen legte. Das war am 23. Februar 1950 im Bahnhof von Saint-Pierre-des-Corps, und es war nicht klar, ob der Zug wirklich halten würde. Dafür wurde sie mit zehn Monaten Haft bestraft. Die Strecke wurde von der Polizei geräumt, aber die Protestbewegung gegen den französischen Indochina-Krieg erhielt immensen Auftrieb. Raymonde Dien wird wie Henri Martin (* 1927 in Lunery), der für das Verteilen von Flugblättern gegen den Indochina-Krieg zu fünf jahren Haft verurteilt wurde, zum Symbol der Friedensaktivisten. Sie wird gewaltsam, aber schließlich vergeblich, daran gehindert, zu den Weltfestspielen der Jugend in Berlin 1950 zu reisen. Dort wird sie begeistert begrüßt.

Sie hat ihre Erinnerungen in einem Buch niedergeschrieben: Un train pour la Paix et le bonheur (Ein Zug für den Frieden und das Glück).

Namensträger: FDGB-Ferienheim in Frauenwald; Pionierzeltlager in Trassenheide.

Dimitroff, Georgi

* 18.6.1882 in Kowatschewzi (Bulgarien); † 2.7.1949 im Sanatorium Barwicha bei Moskau. Bulgarischer Politiker der Bulgarischen KP.

1933 stand er vor dem NS-Reichsgericht in Leipzig als Angeklagter im Reichstagsbrandprozeß. Dort nutzte er die Chance, den Faschismus anzuklagen, seine Rededuelle mit Hermann Göring waren großartig. Von 1935 bis 1943 war er Generalsekretär der Kommunistischen Internationale (Komintern), von 1946 bis 1949 bulgarischer Ministerpräsident.

Namensträger: FDGB-EH in KühlungsbornPionierlager in Zschorna; Zentrales Pionerlager in Prora auf Rügen.

Duncker, Hermann

* 24.5.1874 in Hamburg; † 22.6.1960 in Bernau bei Berlin. Politiker (SPD, KPD, SED)

Ab 1893 Studium von Nationalökonomie, Geschichte und Philosophie, das er mit einer Promotion abschloß. Seit 1903 war er hauptamtlicher Funktionär der SPD und ab 1911 an der Zentralschule der Partei tätig. Hermann Duncker war Mitbegründer des Spartakusbundes und gehörte 1918 zu den Gründern der KPD. Er war Gründer und Leiter der Berliner Marxistischen Arbeiterschule und verfaßte zahlreiche Schriften. 1933 war er fast ein Jahr in Haft. 1936 emigrierte er zunächst nach Dänemark, dann nach Großbritannien und Frankreich und schließlich in die USA. Nach seiner Rückkehr 1947 nach Deutschland trat er in die SED ein. Im September d.J. wurde er Professor und Dekan der Gesellschaftswissenschaftlichen Fakultät der Universität Rostock. Von 1949 bis zu seinem Tod war Hermann Duncker Direktor der Gewerkschaftshochschule „Fritz Heckert" in Bernau.

Namensträger: FDGB-Erholungsheim in Schierke (Harz) und in Heubach Kr. Hildburghausen; Pionierlager in Glowe auf Rügen; Ferienlager der Leipziger Volkszeitung Druckerei in Massanei.

Dzierżyński, Feliks Edmundowitsch (auch Felix Dsershinski)

* 11.11.1877 in Oziembłowo (Polen); † 20.7.1926 in Moskau. Sowjetischer Revolutionär und Funktionär.

War in der polnischen und litauischen revolutionären Arbeiterbewegung aktiv, mußte elf Jahre in zaristischen Gefängnissen und sibirischer Verbannung verbringen. Schrieb das „Tagebuch eines Gefangenen". Nach der russischen Oktober-Revolution von 1917 organisierte und leitete er das Allrussische Außerordentliche Komitee zur Bekämpfung der Konter-Revolution und Sabotage (russ. abgekürzt: Tscheka). 1921 zusätzlich Volkskommissar für Verkehrswesen und Vorsitzender des Obersten Volkswirtschaftsrates.

Namensträger: Pionierlager in Bad Saarow; Pionierlager der BV des MfS am Dehmsee bei Fürstenwalde/Spree.

Engels, Friedrich

* 28.11.1820 in Barmen; † 4.8.1895 in London.

Gemeinbsam mit Karl Marx arbeitete er die Theorie des wissenschaftlichen Sozialismus (Marxismus) aus; gründete und leitete die I. Internationale Arbeiterassoziation.

174

Namensträger: Zentrales Pionierlager des VEB Armaturenwerk Magdeburger in Bertingen (Bez. Magdeburg).

Engst, Werner

* 1.6.1930 in Groß Särchen; † 24.11.2005 in Berlin. Politiker (FDJ, SED).

Nach Berufsausbildung (Maschinenschlosser) Ausbildung zum Pionierleiter und Unterstufenlehrer. Tätig als Lehrer und Pionierleiter. Im Zentralrat der FDJ verantwortlich für die Organisation der Jungen Pioniere, 1964 Vorsitzender der Pionierorganisation. 1971-89 Stellvertretender Minister für Volksbildung der DDR.

Namensträger: Pionierlager bei Templin.

Estel, Waldemar

* 5.2.1932; † 3.11.1956 bei Buttlar, Volkspolizei-Wachtmeister, durch einen spanischen Staatsbürger nach dessen Festnahme wegen illegalen Grenzübertrittes erschossen. Der Täter flüchtete in die BRD und blieb unbehelligt.

Namensträger: Pionierlager in Seehausen (Altmark).

Florin, Wilhelm

* 16.3.1894 in Köln; † 5.7.1944 in Moskau. KPD-Politiker und Widerstandskämpfer gegen den Nationalsozialismus.

Seit 1920 Mitglied der KPD und bis 1923 als ehrenamtlicher Funktionär und Betriebsrat aktiv. 1924 wurde Florin in das Zentralkomitee der KPD gewählt, im Mai des gleichen Jahres wurde er auch Mitglied des Reichstages, dem er bis zur Aufhebung der Reichstagsmandate durch Hitler am 8. März 1933 angehörte. Von 1943 bis zu seinem Tode engagierte sich Florin als Gründungsmitglied auch im Nationalkomitee Freies Deutschland. Sein Sohn Peter (*1921 in Köln) war im diplomatischen Dienst der DDR tätig: 1973-1989 Stellvertretender Außenminister. 1973-81 UNO-Botschafter.

Namensträger: Zentrales Pionierlager in Prebelow bei Rheinsberg.

Frank, Anne

* 12.6.1929 in Frankfurt/Main; † März 1945 im KZ Bergen-Belsen.

Sie wanderte 1934 mit ihren Eltern in die Niederlande aus, da sie als Juden in Deutschland um ihr Leben fürchten mußten. Nach der Besetzung der Niederlande durch die Wehrmacht wurden sie mit anderen im Juli 1942 von Niederländern in einem Hinterhaus in Amsterdam versteckt. Hier schrieb Anne Frank ihre täglichen Erlebnisse und Gedanken in einem Tagebuch nieder. Im August 1944 wurde ihr Versteck verraten, sie kam in deutsche Haft, dann in das KZ Auschwitz und Ende Oktober nach Bergen-Belsen. Dort kam sie, 15jährig, durch Krankheit und Entkräftung um.

Namensträger: Kinderferienlager des Staatlichen Forstbetriebes Strausberg.

Funke, Otto

* 23.8.1915 in Lennep; † 22.12.1997 in Berlin. Politiker der KPD/SED.

War im KJVD im Ruhrgebiet und nach 1945 in der FDJ in Thüringen aktiv. 1935 wegen seiner Aktivitäten gegen den Nationalsozialismus zu zwei Jahren Haft verurteilt. 1946 wurde Otto Funke Mitglied der FDJ und der SED. Von März 1946 bis April 1949 war er Organisationssekretär und von April bis September 1949 schließlich Vorsitzender der FDJ-Landesleitung Thüringen. Von 1946 bis 1955 Mitglied des Zentralrates der FDJ. 1956 bis 1968 Erster Sekretär der SED-Bezirksleitung Suhl. 1989 Mitglied des Zentralkomitees der SED.

1974 bis 1989 Vorsitzender der Zentralleitung des Komitees der antifaschistischen Widerstandskämpfer der DDR und seit 1972 Vizepräsident der Fédération Internationale des Résistants (FIR).

Namen: Betriebsferienlager des Oberlausitzer Glaswerks in Pätz, Kr. Königs Wusterhausen.

Gheorghiu-Dej, Gheorghe

* 8.11.1901 in Bârlad; † 19.3.1965 in Bukarest. Staatsoberhaupt Rumäniens.

Schon vor dem Ende des Krieges der praktische Führer der Rumänischen Kommunistischen Partei, von 1955 bis 1961 dann Erster Sekretär der Partei. Er war Staatspräsident Rumänien von 1961 bis zu seinem Tode.

Namensträger: Zentrales Pionierlager in Straußberg/Wolkramshausen (Kr. Nordhausen).

Gorki, Maxim

* 28.3.1868 in Nishni Nowgorod; † 18.6.1936 in Gorki bei Moskau.

Russischer/Sowjetischer Schriftsteller von internationalem Rang. In Romanen und Dramen stellt er realistisch die erbärmliche Lage fast aller Schichten des russischen Volkes in den 50 Jahren vor der Oktober-Revolution dar, schließlich auch das Aufbegehren gegen die zaristische Herrschaft. Er hielt sich mehrfach in Deutschland auf, u.a. in Bad Saarow.

Namensträger: Erholungsheim in Heiligendamm; Pionierlager in Wilhelmsthal bei Eisenach.

Gottwald, Klement

23.11.1896 in Dědice (Mähren); † 14.3.1953 in Prag. Staatsoberhaupt der ČSR.

Tschehoslowakischer Politiker und kommunistischer Funktionär. 1929 bis 1948 Vorsitzender der KPTsch, organisierte ab 1938 die tschechoslowakische Befreiungsbewegung. Ministerpräsident bzw. Staatspräsident der Tschechoslowakei von 1946 bis 1953.

Namensträger: FDGB-Erholungsheim in Bad Schandau; Pionierlager in Pabstdorf (Bez. Dresden).

Grube, Ernst

* 22.1.1890 in Neundorf (Anhalt); † 17. 1.1945 im KZ Bergen-Belsen. Politiker (KPD) und Widerstandskämpfer gegen das NS-Regime.

Seit 1919 Mitglieder KPD, 1020 Mitglied des Zentralkomitees der KPD. Abgeordneter des Sächsischen und später des Preußischen Landtages, seit 1930 Abegeordneter des Reichstages. Leitete die „Kampfgemeinschaft für Rote Sporteinheit" seit ihrer Gründung 1930. Nach 1933 mehrfach in Haft. Anfang April 1945 nach Bergen-Belsen transportiert, dort starb er wenige Tage vor Kriegsende an Flecktyphus.

Namensträger: FDGB-Ferienheime in Kühlungsborn und Mühlhausen Kr. Oelsnitz; Ferienlager in Lychen.

Günter, Hanno

* 12.1.1921 in Berlin; † 3.12.1942 in Berlin-Plötzensee.

Anführer eine Gruppe Jugendlicher im Widerstand gegen den Nationalsozialismus. Sie verfaßten und verteilten Flugblätter gegen den Krieg. Er wurde in Plötzensee hingerichtet.

Namensträger: Pionierferienlager in Gottesberg (Vogtland); Jugendherberge in Geising bei Altenberg im Erzgebirge; Betriebsferienlager des VEB Maxhütte Unterwellenborn in Großkochberg (Bezirk Gera).

Heckert, Fritz

28.3.1884 in Chemnitz; † 7.4.1936 in Moskau. Politiker der KPD.

Mitbegründer des Spartakusbundes und der Kommunistischen Partei Deutschlands; führender Funktionär der Kommunistischen Internationale (Komintern). Von 1924 (Reichstagswahlen) bis 1933 für die KPD im Reichstag.

Namensträger: FDGB-Ferienheim in Gernrode (1954 erster großer Neubau eines FDGB-Ferienheims, außerhalb der Saison auch Ferienlager); Pionierlager in Lenz am Plauer See; Urlauberschiff (Gebaut auf der Mathias-Thesen Werft Wismar; 1961-1972 >63.000 Urlauber)

Heinen, Hans

* 8.3.1909 in Groß Mövern (Moyeuvre-Grande)/Elsaß; † 8.3.1939 in Oranienburg (KZ Sachsenhausen). Antifaschistischer Widerstandkämpfer.

Ab 1929 war Hans Heinen Mitglied der KPD, ab 1930 auch Mitglied des Roten Frontkämpferbundes (RFB), nach deren Verbot betätigte er sich weiterhin für die kommunistische Bewegung. Er wurde mehrfach wegen „Vorbereitung eines hochverräterischen Unternehmens", illegalen Waffenbesitzes verhaftet und zu Zuchthaus- und Gefängnisstrafen verurteilt. Auf Anordnung Heinrich Himmlers ins Lager Sachsenhausen gebracht und wegen „staatsfeindlichen Verhaltens" erschossen.

Namensträger: Ferienlager des VEB Junkalor Dessau in Pechtelsgrün im Vogtland.

* Hermann, Liselotte (genannt Lilo)

23.6.1909 in Berlin; † 20.6.1938 in Berlin. Antifaschistische Widerstandkämpferin.

1928 tritt Lieselotte Herrmann in den Kommunistischen Jugendverband Deutschlands (KJVD) ein, wird Mitglied des "Roten Studentenbundes" und im November 1931 KPD-Mitglied. Wegen ihrer politischen Tätigkeit wird sie im Juli 1933 von der Universität in Berlin verwiesen. Sie arbeitet anschließend als Kindermädchen. Lilo Herrmann ist in jener Zeit bereits Mitarbeiterin des geheimen militärischen Apparates der KPD. Sie militärische Informationen über die Produktion von Rüstungsgütern in den Dornier-Werken in Friedrichshafen und über den Bau einer unterirdischen Munitionsfabrik bei Celle. Dieses Material wird einem Instrukteur des ZK der KPD in der Schweiz übergeben. Von Agenten verraten, wird Liselotte Herrmann am 7. Dezember 1935 verhaftet. Sie wird am 12. Juni 1937 vom Volksgerichtshof wegen "Landesverrats und Vorbereitung zum Hochverrat" zum Tode verurteilt, obgleich im Verfahren ein Offizier bestätigt, daß die bei ihr gefundenen Unterlagen nicht als geheim eingestuft gewesen sind. Ihre Hinrichtung erfolgt am 20. Juni 1938 in Berlin-Plötzensee, obwohl sich viele Menschen aus verschiedenen Ländern für die junge Frau und Mutter (Sohn Walter 1934-2013) eingesetzt haben.

Namensträger: Pionierlager in Bad Saarow-Pieskow.

Hồ Chí Minh

19.5.1890 in Kim Lien, † 2.11.1969 in Ba Vi. Vietnamesischer Revolutionär, Politiker und Staatsoberhaupt der DRV.

Ho Chi Minh ist der wichtigste Repräsentant der neueren vietnamesischen Geschichte. Wie kein anderer ist der Revolutionär zum Sinnbild des wehrhaften und nach Selbstbestimmung strebenden Vietnam geworden. Sein Lebensweg ist eng verknüpft mit der Geschichte und dem Unabhängigkeitskampf seines Landes. Der begann im Zweiten Weltkrieg gegen die japanischen Besatzer un die mit ihnen verbündeten Franzosen. Nach der Ausrufung der Unabhängigkeit

178

am 2.11.1945 mußte der Kampf jedoch fortgesetzt werden; zunächst gegen Frankreich (1946-54), dann gegen die USA und ihre vietnamesischen Vasallen, die in Südvietnam einen Separatstaat errichtet hatten. Den erzwungenen Abzug der USA-Truppen (1975) und die Wiedervereinigung Vietnams (1976) erlebte er nicht mehr.

Ho Chi Minh war 1945-55 Premierminister und 1945-1969 Präsident der Demokratischen Republik Vietnam (DRV). Er gehörte 1930 zu Gründern der KP Indochinas/Vietnams.

Namensträger: Pionierlager Wittstock/Kuhlmühle

Hodscha, Enver (Enver Hoxha).

* 16.10.1908 in Gjirokastra; † 11.4.1985 in Tirana. Staatsoberhaupt Albaniens.

Mitbegründer der Kommunistischen Partei Albaniens 1941, seit 1943 Vorsitzender (seit 1948 Partei der Arbeit Albaniens). Führende Teilnahme am Widerstand gegen die Besatzungsmächte Deutschland und Italien bis zum Einzug der ersten volksdemokratischen Regierung in Tirana. Er rief am 11. Januar 1946 die Sozialistische Volksrepublik Albanien aus, bis zu seinem Tode war er deren Ministerpräsident, Oberbefehlshaber der Armee und Generalsekretär der Partei der Arbeit.

Namensträger: Zentrales Pionierferienlager am Hölzernen See (bei Klein Köris).

Hübner, Gustav

Bergmann bei der Deutsch-Sowjetischen Wismut A.-G., Held der Arbeit (1952), Verdienter Bergmann (1952) und dreifacher Aktivist mit dem Nationalpreis (1954) ausgezeichnet. Gustav Hübner hat als erster den mechanisierten Schnellvertrieb im gesamten Bergbau der DDR eingeführt, so daß Streckenvortriebe bis zu 400 m im Monat in der Wismut A.-G. erreicht werden konnten.

Namensträger: Kinderferienlager am Filzteich in Schneeberg (Erzgeb.).

Just, Helmut

* 2.7.1933 in Berlin; † 30.12.1952 in Berlin. Grenzsoldat.

Angehöriger der Deutschen Grenzpolizei (Unterwachtmeister); wurde an der Grenze zu Westberlin von hinten erschossen. Die Suche nach dem Täter blieb ergebnislos.

Namensträger: Pionierlager in Biesenthal; Kinderferienlager des VEB Fotochemische Werke/ORWO Berlin in Großbreitenbach und in Eggersdorf bei Strausberg.

Kahle, Hans

* 22.4.1899 in Charlottenburg; † 1.9.1947 in Ludwigslust. Spanienkämpfer.

Kadettenausbildung 1917, Kriegseinsatz als Leutnant. 1928 Eintritt in die KPD, dort vorwiegend kulturpolitische Arbeit (Freier Radiobund Deutschland) und - entsprechend seiner militärischen Ausbildung - Mitarbeiter des Militärischen Apparates der KPD.

Mit dem Ausbruch des Bürgerkriegs in Spanien wirkte Hans Kahle in Paris im Organisationskomitee für die Bildung der Internationalen Brigaden. Im Oktober 1936 schloß er sich den Interbrigadisten an. Von Herbst 1936 bis zum März 1937 war Kahle Kommandeur des Bataillons „Etkar Andre" und von 1937 Kommandeur der legendären XI. Internationalen Brigade.

Ende 1938 gelangte Hans Kahle über Frankreich nach Großbritannien. Dort gehörte er von 1939 bis 1946 der Leitung der KPD in England an. Als „Feindlicher Ausländer" wurde er 1940/41, nach Kriegsbeginn, zunächst in Großbritannien, später in Kanada interniert. Ab 1941 erhielt er die Möglichkeit, als militärischer Korrespondent an verschiedenen Zeitungen mitzuwirken. Hans Kahle gehörte zu den Gründern der Freien Deutschen Bewegung (FDB) in Großbritannien. Er war u. a. 1944 Organisationsleiter der FDB und 1945/46 für die Zusammenarbeit mit englischen Organisationen verantwortlich.

Im Februar 1946 kehrte Hans Kahle nach Deutschland in die Sowjetische Besatzungszone zurück. Hier übernahm er die Funktion des Chefs der Deutschen Volkspolizei (DVP) in Mecklenburg. Außerdem gehörte er dem SED-Landesvorstand in Mecklenburg an.

Namensträger: Pionierlager in Cramon (Bez. Schwerin) und in Beichlingen bei Sömmerda (Thür.).

Kalinin, Michail Iwanowitsch

* 19.11.1875 in Werchnjaja Troiza (Oblast Twer); † 3.6.1946 in Moskau. Staatsoberhaupt der UdSSR.

Als Mitglied des Kampfbundes zur Befreiung der Arbeiterklasse bis 1917 14mal verhaftet. Redakteur der „Prawda", Oberbürgermeister von Leningrad. Von 1921–1946 Staatsoberhaupt der Sowjetunion (Vorsitzender des Präsidiums des Obersten Sowjets der UdSSR).

Namensträger: Pionierlager in Gräbendorf am Frauensee (Bez. Potsdam).

Kim Ir-Sen (auch Kim Il Sung)

* 15.4.1912 in Mankeidai (Nordkorea); † 8.7.1994 in Phjöngjang. Staatsoberhaupt der KVDR.

Emigrierte 1922 aus dem seit 1910 von Japan besetzten Korea in die Mandschurai; organisierte die ersten koreanischen Pantisanenverbände. Rief am 8. September 1948 die Koreanische Volksdemokratische Republik (KVDR) aus; er wurde zum Ministerpräsidenten des neuen Staates gewählt. Von Juni 1959 bis Juli 1953 Korea-Krieg. Kim wurde 1966 zum Generalsekretär der Partei der Arbeit Koreas gewähl; er war auch Oberbefehlshaber der Armee und seit 1972 Staatspräsident.

Namensträger: Internationales Pionierlager in Prerow/Darß.

Knaak, Ernst

* 4.11.1914 in Berlin; † 28.8.1944 in Brandenburg. Antifaschistischer Widerstandkämpfer.

Im Kommunistischen Jugendverband Deutschlands (KJVD) im Berliner Stadtbezirk Prenzlauer Berg aktiv; 1936 zu zwei Jahren Zuchthaus verurteilt. Fortsetzung der illegalen Arbeit in der Gruppe Robert Uhrig. 1942 erneut verhaftet und ins KZ Sachsenhausen verbracht. Am 6. Juli 1944 zum Tode verurteilt.

Namensträger: Jugendherberge in Brotterode (Thür).

Koschewoi, Oleg

Anführer einer jugendlichen Partisanengruppe in der ukrainischen Stadt Krasnodon gegen die deutsche Okkupation im Jahre 1942. Etwa vier Monate führen sie den Kampf gegen die Wehrmacht. Durch Verrat wird die Gruppe einen Monat vor der Befreiung durch die Rote Armee zerschlagen; von den 103 Mitgliedern blieben nur acht am Leben. Der Leichnam Oleg Koschewois wurde erst im März 1943, gefoltert und verstümmelt, aufgefunden. Der sowjetische Schriftsteller Alexander Fadejew hat dieser Widerstandsgruppe mit seinem Roman „Die Junge Garde" ein Denkmal gesetzt.

Namensträger: Pionierlager in Zschorna bei Meißen.

Kosmodemjanskaja, Soja

* 13.9.1923 in Ossino-Gai (Gouv. Tambow); † 29.11.1941 in Petrischtschewo (Oblast Moskau). Rotarmistin.

Rotarmistin in einer Diversionsbrigade, in dem 1941 gebildeten besonderen Truppenteil № 9903 für die Durchführung von Diversionshandlungen im Hinterland der deutschen Wehrmacht. Sie war gebildet worden von Freiwilligen aus Komsomol-Organisationen Moskaus und des Moskauer Gebietes. Während der Schlacht bei Moskau wurden in diesem Kundschafter-Truppenteil der Westfront 50 Kampfgruppen und Abteilungen vorbereitet. Bei einem Einsatz im Dorf Petrischtschewo war es ihr Auftrag, Häuser, die von der Wehrmacht belegt waren, anzuzünden. Dabei wurde sie entdeckt und von Wehrmachtsangehörigen brutal gefoltert, schließlich gehenkt. Als erste Frau wurde sie posthum als „Held der Sowjetunion" ausgezeichnet.

Namensträger: Pionierferienlager auf dem Hainfeld in Stolberg (Harz).

Kühn, Bruno

17.12.1901 in Rixdorf bei Berlin; † wahrscheinlich 1944). Widerstandskämpfer gegen den Nationalsozialismus.

1901 als Kind einer Arbeiterfamilie geboren, er und war der ältere Bruder von Lotte Ulbricht (19.4.1903–27.3.2002). Mitglied der KPD siet 1918, im KJVD aktiv seit dessen Gründung 1920 im Bereich der Kinder- und Jugendarbeit. Er war Pionier Leiter bei den Roten Jungpionieren und leitete das Woroschilowlager, ein Ferienlager für Berliner Arbeiterkinder. Das erste "Woroschilow-Lager der Roten Jungpioniere" fand vom 14.7.–4.8.1928 zum erstenmal in Hammelspring bei Templin statt. Im Sommer des Jahres 1928 erwartet man hier die Kinder aus Berlin. Kämpfer in den Internationalen Brigaden im Spanischen Bürgerkrieg. Im Zweiten Weltkrieg ging er in die Sowjetunion, um als Partisan im Hinterland der Wehrmacht zu kämpfen. Über den Zeitpunkt und die Umstände des Todes von Bruno Kühn gibt es unterschiedliche Angaben. Wahrscheinlich fiel er als „Fallschirmagent" im August 1943 der Gestapo in Amsterdam in die Hände.

Namensträger: Pionierlager in Bollmannsruh, in Oberhof (bis 1982)

La Pasionaria (Dolores Ibárruri Gómez)

* 9.12.1895 in Gallarta (Bizkaia) im Baskenland; † 12.11.1989 in Madrid. Spanische Antifaschistin.

Sie war Abgeordnete der Kommunistischen Partei Spaniens (PCE) im spanischen Parlament und eine beutende Persönlichkeit des Spanischen Bürgerkrieges 1936-39. Sie hat sich schon früh für die Rechte der Frauen und die Bergarbeiter Asturiens eingesetzt. 1933 wurde sie als Abgeordnete der KP Asturiens Spanische Abgeordnetenhaus (Cortes Generales) gewählt. Berühmt wurde sie durch ihr Engagement im Bürgerkrieg. Im Herbst 1936 mobilisierte sie (u.a. durch Rundfunkreden) alle republikanischen Kräfte zur Verteidigung der spanischen Hauptstadt. Ihr Ruf „¡No pasarán!" („Sie werden nicht durchkommen!") wurde zum Schlachtruf der Verteidiger der Republik. Nach dem Sieg der Franco-Faschisten Emigration in die Sowjetunion; 1960er Jahren erwarb sie die sowjetische Staatsbürgerschaft. Ihr Sohn Rubén Ruiz fiel als Leutnant der Roten Armee 1942 in Stalingrad. Nach Francos Tod 1975 kehrte Dolores Ibárruri 1977, nach nahezu 40 Jahren Exil mit über 80 Jahren, nach Asturien zurück. Im selben Jahr wurde sie erneut zur Abgeordneten ins Parlament gewählt.

Namensträger: Zentrales Pionierlager in Waren/Müritz am Feisnecksee.

Liebknecht, Karl

* 13.8.1871 in Leipzig; † 15.1.1919 in Berlin. KPD-Politiker.

Rechtsanwalt; von 1912 bis 1916 sozial-demokratischer Abgeordneten im Reichstag, dort als Kriegsgegner aktiv. Gründete mit Rosa Luxemburg die Spartakusgruppe und gehörte 1918 zu den Mitbegründern der KPD. Versuchte vergeblich, eine deutsche Räte-Republik zu errichten. Von Freikorps-Offizieren ermordet.

Namensträger: Erholungsheim in Heiligendamm; Pionierlager in Zwickau (Windberg); Betriebsferienlager des VEB Waggonbau Dessau in Pöbeltal.

Luxemburg, Rosa

* 5.3.1871 in Zamość (Polen); † 15.1.1919 in Berlin. KPD-Politikerin.

Seit ihrer Jugend in der polnischen und deutschen Arbeiterbewegung aktiv. 1897 Promotion *magna cum laude* in Zürich zum Thema „Die industrielle Entwickelung Polens". 1913 rief sie zu Kriegsdienst- und Befehlsverweigerung auf: „Wenn uns zugemutet wird, die Mordwaffen gegen unsere französischen oder anderen ausländischen Brüder zu erheben, so erklären wir: ‚Nein, das tun wir nicht!'" Während des 1. Welkrieges im Gefängnis. Zu ihren engen Freunden gehörten Karl Liebknecht und Clara Zetkin, die inner- und außerhalb der SPD für eine selbstbestimmte internationale Frauenbewegung eintrat, Zusammen mit Karl Liebknecht Mitbegründerin des Spantakusbundes und der Kommunistischen Partei Deutschlands. Von Reichswehr-Offizieren ermordet.

Namensträger: Erholungsheim in Heiligendamm; Pionierlager Seifhennersdorf (Zittauer Gebirge).

Lyssenko, Trofim Denissowitsch

* 29.9.1898 in Karlowka (Rußland); † 20.11.1976 in Moskau. Sowjetischer Biologe.

Sowjetischer Biologe und Agronom, nach dessen Theorie Erbeigenschaften durch Umweltbedingungen bestimmt werden. 1938 wurde er zum Präsidenten der Sowjetischen Akademie für Landwirtschaftswissenschaften ernannt; ab 1940 leitete er das Institut für Genetik der Akademie der Wissenschaften der UdSSR.

Die Theorie, daß sich Eigenschaften, die sich erst im Laufe eines Lebens entwickeln, vererbt werden, wurde bereits von Jean-Baptist Lamarque (1744–1829) vertreten. Lyssenko wurde und wird dafür verdammt. Seit 2000 werden jedoch immer mehr Forschungsergebnisse aus aller Welt bekannt, die genau diese Annahme bestätigen (Epigenetik).

Namensträger: Pionierlager in Cramon.

Majakowski, Wladimir Wladimirowitsch * 19.Juli 1893 in Bagdadi (im heutigen Georgien), † 14. April 1930 in Moskau.

Einer der begabtesten und bekanntesten sowjetischen Lyriker und Dramatiker.

Er war an anti-zaristischen Aktionen beteiligt und deshalb mehrfach in Haft. Nach der von Majakowski begeistert begrüßten Oktoberrevolution 1917 widmete er sich ganz politischen Tagesaufgaben, auch in kulturpolitischen Institutionen der Sowjetmacht. Sein Poem „Wladimir Il-jitsch Lenin" (1924) ist bis heute die bedeutendste literarische Gestaltung Lenins. Seine Werke zeichneten sich immer durch Parteilichkeit für die Volksmassen und die Sowjetmacht, durch Witz und Erfindungsreichtum in der Sprache aus.

Namensträger: Pionierlager in Grünheide/Auerbach.

Makarenko, Anton Semjonowitsch

* 13.3.1888 in Belopolje (Rußland); † 1.4.1939 in Olizyno. Sowjetischer Pädagoge und Schriftstel-ler.

Makarenko wurde vor allem für seine pädagogische Arbeit als Heimpädagoge und Leiter der Gorki-Kolonie (Arbeitsheims für straffällig gewordene Jugendliche) von 1920 bis 1928, der Dsershinski-Kommune von 1927 bis 1935 sowie als Autor von Büchern und Artikeln über diese Arbeit bekannt. Ein wesentlicher Aspekt der Arbeit Makarenkos bestand in der Resozialisierung der verwahrlosten Jugendlichen. Makarenkos Erziehungsprinzip lautete: "Ich fordere Dich, weil ich Dich achte."

Seine bekanntesten Werke sind „Der Weg ins Leben. Ein pädagogisches Poem." Berlin 1971 und „Flaggen auf den Türmen". Berlin 1973.

Namensträger: Pionierlager in Brodowin (Schorfheide) und Darlingerode (Ilsenburg/Harz).

Mao Tsetung * 26. Dezember 1893 in Shaoshan, † 9. September 1976 in Peking.

Der Sohn eines Bauern beteiligte sich früh an revolutionären Bewegungen gegen die uralte feudale Herrschaft und gehörte 1921 zu den Mitbegründern der Kommunistischen Partei Chinas. In dem langen chinesische Bürgerkrieg (1927-1949) führte er die Volksbefreiungsarmee zum Sieg; am 1. Oktober 1949 verkündete er die Gründung der Volksrepublik China. Unter sei-nem bestimmenden Einfluß als Vorsitzender der Kommunistischen Partei Chinas von 1943 bis 1976 und Präsident der VR China von 1954 bis 1959 vollzog sich Chinas Veränderung von einem rückständigen agrarischen Feudalstaat zu einer politischen und wirtschaftlichen Großmacht. Dadurch veränderte sich das Kräfteverhältnis in der ganzen Welt zugunsten des Antiimperialis-mus. Andererseits hatten die von Mao Tsetung vorangetriebenen Kampagnen und Programme (z.B. die„Kulturrevolution") bedeutende wirtschaftliche Schäden, Verluste an kulturellem Erbe und auch den Tod von Millionen Menschen zur Folge. Es bleibt trotzdem sein Verdienst, den kolonial unterdrückten Völkern einen Weg zu ihrer Befreiung gezeigt zu haben.

Namensträger: Pionierlager in Beichlingen.

184

Maressjew, Alexej Petrowitsch

* 20.5.1916 in Kamyschin; † 19.5.2001 in Moskau. Sowjetischer Jagdflieger im 2. Weltkrieg.

Maressjew war schon ein erfolgreicher Jagdflieger, als er im April 1942 hinter der Frontlinie in einen Wald abstürzte. Er konnte sich retten, durch die schwere Verletzung beider Beine konnte er sich jedoch nur kriechend vorwärts bewegen. Er brauchte achtzehn Tage, um wieder bei seinen Kameraden anzukommen. Beide Beine mußten amputiert werden. Er übte fast ein Jahr mit Prothesen und konnte am Ende wieder als Jagdflieger eingesetzt werden. Er war an 86 Luftkämpfen beteiligt und schoß elf deutsche Flugzeuge ab. 1956 promovierte er zum Doktor der Geschichtswissenschaft.

Seine Geschichte war der Stoff für den Roman „Der wahre Mensch" von Boris Polewoi. Das Buch war in der DDR weit verbreitet.

Namensträger: Pionierlager in Markgrafenheide (Bez. Rostock).

Marx, Jenny (geb. von Westphalen)

* 12.2.1814 in Salzwedel; † 2.12.1881 in London. Sozialistin und die Ehefrau von Karl Marx.

„Es ist keine Übertreibung, wenn ich sage, ohne Jenny von Westphalen hätte Karl Marx niemals der sein können, der er war. Beide paßten vollkommen zusammen und ergänzten sich. [...] Und ich glaube mitunter, daß ein Band fast so stark wie ihre Hingabe an die Sache der Arbeiter sie zusammenband – ihr unerschöpflicher, unverwüstlicher Humor." (Eleanor Marx-Aveling, ihre Tochter, 1895.)

Namensträger: Kinderheime in Rerik und Züllsdorf Kr. Herzberg; Kindergenesungsheim in Brewitz Kr. Salzwedel; Betriebsschule der Deutschen Post in Naumburg.

Marx, Karl

* 5. Mai 1818 in Trier; † 14. März 1883 in London. Philosoph, Ökonom, Journalist, Aktivist der internationalen Arbeiterbewegung.

Zusammen mit Friedrich Engels wurde er zum Begründer des wissenschaftlichen Sozialismus. 1864 Gründer der I. Internationalen Arbeiterassoziation. Friedrich Engels hat die wissenschaftlichen Leistungen von Karl Marx in seiner Grabrede in zwei wesentliche Entdeckungen zusammengefasst:

„Wie Darwin das Gesetz der Entwicklung der organischen Natur, so entdeckte Marx das *Entwicklungsgesetz der menschlichen Geschichte*... Marx entdeckte auch das *spezielle Bewegungsgesetz der heutigen kapitalistischen Produktionsweise* und der von ihr erzeugten bürgerlichen Gesellschaft.

Namensträger: Ferienheime in Alexisbad, Oberhof, Graal-Müritz; Ferienheim „Marx-Engels" in Walsburg; Pionierlager in Bad Schmiedeberg in der Dübener Heide; Betriebs-Kinderferienlager der IG Wismut in Crispendorf.

Maryn, Gladis

* 16.7.1941 in Curepto (Chile); † 6.3.2005 in Santiago de Chile. Chilenische Antifaschistin und Generalsekretärin der Kommunistischen Partei Chiles.

Gladys Marín wurde durch ihren Einsatz für die Volksregierung der Unidad Popular bekannt zusammen mit ihren Freunden Pablo Neruda, dem Präsidenten Salvador Allende, Luis Corvalán und Victor Jara. Beim Pinochet-Putsch 1973 wurde ihre Mann ermordet, sie ging in die Illegalität und schließlich ins Exil in den Niederlanden, der DDR und der Sowjetunion. 1978 kehrte sie nach Chile zurück und arbeitete im Untergrund für den Sturz der Putschisten-Regierung. Sie wurde zur Vorsitzenden der KP gewählt. 1998 reichte sie die erste Klage gegen den Putsch-General Augusto Pinochet wegen Menschenrechtsverletzungen ein. Zu ihrem Begräbnis am 8. März 2005 versammelten sich nahezu eine Million Menschen.

Namensträger: Pionierferienlager in Wernigerode.

Matern, Hermann

* 17.6.1893 in Burg bei Magdeburg; † 24.1.1971 in Berlin. Politiker der KPD und SED.

1919 Mitglied der KPD, 1933 Verhaftung, 1934 Flucht und Emigration über mehrere Länder, seit 1941 in der Sowjetunion, dort Mitglied des Nationalkomitees Freies Deutschland und Lehrer an Antifa-Schulen. Nach 1945 Mitglied der SED, leitende Tätigkeit in Sachsen; 1950 Mitglied des Politbüros. Als Mitglied der Volkskammer seit 1949, Stellvertreter des Volkskammerpräsidenten und Vorsitzender der SED-Fraktion, als Mitglied des Nationalen Verteidigungsrates und weiteren verantwortlichen Funktionen leistete er einen bedeutenden Beitrag zum Entstehen und Wachsen der Staatsmacht in der DDR.

Namensträger: Zentrales Pionierferienlager in Raila (Wetteratal) bei Schleiz, ursprünglich Betriebs-Kinderferienlager des VEB Carl Zeiss Jena.

Matrossow, Alexander Matwejewitsch

* 5.2.1924; † 27.2.1943 bei Tschernuschki. Rotarmist, Held der Sowjetunion,

Nach dem Besuch einer Militärschule wurde er im Januar 1943 an die Front abkommandiert. Seine Einheit kam in das Gebiet von Welikije Luki (nördlich von Witebsk). Sein 2. Bataillon einer Brigade hatte die Aufgabe zum Dorf Tschernuschki vorzudringen und die dort befindlichen Stellungen der Wehrmacht zu erobern. Damit sollte die Möglichkeit für einen Angriff der Brigade geschaffen werden. Die deutsche Stellung bestand aus Erdbunkern und Feuerstellungen.

Schwere Waffen konnten wegen des Geländes nicht zum Angriff eingesetzt werden. Bei einem Angriff auf den Hauptbunker der gegnerischen Stellung kam das ganze Bataillon nicht mehr voran, weil der Bunker das ganze Gefechtsfeld beherrschte. Da kroch Matrossow an den Bunker heran und warf sich, weil er keine andere Möglichkeit mehr hatte, mit seinem Körper vor die Schießscharte. So konnte der Bunker erobert werden und der Angriff in diesem Abschnitt fortgesetzt werden.

Er wurde posthum als Held der Sowjetunion ausgezeichnet. Sein Leben wurde literarisch gestaltet in dem Roman Gardeschütze Matrossow. Die Geschichte des Alexander Matrossow" von P. Shurba, Berlin 1953.

Namensträger: Zentrales Pionierlager am Störitzsee; Pionierlager in Erkner und in Markgrafenheide.

Mitschurin, Iwan Wladimirowitsch

27.10.1855 in Dolgoje (Gouv. Rjasan), † 7.6.1935 in Mitschurinsk. Russischer/Sowjetischer Botaniker und Pflanzenzüchter.

Es gelang ihm, frostresistente Obstsorten für das kontinentale Klima Rußland zu züchten, die den Obstbau für weite Gebiete Rußlands überhaupt erst möglich machten. Die Sowjet-Regierung stellte die erforderlichen Mittel und Unterstützung zur Verfügung und so konnte Mitschurin für Rußlands Klima über 300 neue Sorten schaffen. Mitschurin war der Ansicht, daß Obstsämlinge durch Erziehung und geeignete Pfropfpartner (Mentor) und nicht gemäß den mendelschen Regeln beeinflußt werden (Mentormethode); die so erzielten Veränderungen hielt Mitschurin irrtümlich für erblich. Er ging davon aus, daß die Entwicklung der Oranismen lenkbar ist und höhere Erträge und Leistungen durch planmäßige Änderung der äußeren Lebensbedingungen zu erreichen sind. Sein einflußreichster Schüler war Lyssenko.

Ein wichtiges Anliegen Mitschurins waren die Schulgärten und die Einbeziehung der Naturwissenschaften, Botanik und besonders der Gartenarbeit in die Erziehung und den Schulunterricht. Von Mitschurin stammt der Vergleich, daß der Lehrer mit einem Gärtner und der Schüler mit einem jungen Baum zu vergleichen sei, der zu erziehen und zu formen sei, damit er einmal die besten Früchte tragen kann.

Namensträger: Pionierzeltlager des VEB Carl Zeiss Jena in Raila bei Schleiz im Wetteratal, nach 1970 Zentrales Pionierlager „Hermann Matern".

Müller, Philipp

* 5.4.1931 in Neuaubing; † 11.5.1952 in Essen. Friedensaktivist.

Mitglied der FDJ und der KPD. Er nahm 1952 als Mitglied der Münchener Delegation an einer Demonstration in Essen gegen die Wiederbewaffnung der BRD und die Generalverträge (NATO-

Anschluß) teil. Er starb, als die Polizei auf Teilnehmer der Demonstration schoß; zwei weitere Personen wurden schwer verletzt. Am 10. Mai hatte der Innenminister von Nordrhein-Westfalen, Karl Arnold (CDU), die Demonstration verboten mit der Begründung, daß wegen weiterer Veranstaltungen nicht genug Polizeikräfte zur Verfügung stünden. Das Landgericht stufte die Schüsse als „Notwehr" ein, verhaftet wurde eine größere Zahl von Demonstrationsteilnehmern. Dies war das erste Mal in der Geschichte der BRD, daß ein Demonstrant durch die Polizei getötet wurde.

Namensträger: Pionierlager in Weißwasser am Braunsteich, in Kranichfeld und in Straußberg; in Biesenthal das Betriebs-Kinderferienlager; Betriebs-Kinderferienlager vom Wasserstrassenbau in Großzerlang.

Müntzer, Thomas

um 1489 in Stolberg, † 27.5.1525 bei Mühlhausen. Theologe, Reformator und Revolutionär in der Zeit des Bauernkrieges.

Im Gegensatz zu Luther stand Müntzer für die gewaltsame Befreiung der Bauern und betätigte sich in Mühlhausen, wo er Pfarrer in der Marienkirche war, als Agitator und Förderer der Aufstände. Dort versuchte er, seine Vorstellungen einer gerechten Gesellschaftsordnung umzusetzen: Privilegien wurden aufgehoben, Klöster aufgelöst, Räume für Obdachlose geschaffen, eine Armenspeisung eingerichtet. Seine Bestrebungen, verschiedene Thüringer Freibauern zu vereinigen, scheiterten zu dieser Zeit – an der Übermacht des Adels um Luther. Nach der Schlacht bei Frankenhausen wurde er im Mai 1525 gefangen genommen, gefoltert und öffentlich hingerichtet.

Namensträger: Ferienheim des VEB Optima Erfurt in Rathsfeld; Ferienlager in Rathsfeld (Jagdschloß) bei Bad Frankenhausen (Thür.).

Neruda, Pablo

12.7.1904 in Parral (Chile), † 23.9.1973 in Santiago de Chile. Chilenischer Schriftsteller, Antifaschist.

Er war als Diplomat seines Landes in Spanien, als der 1936 der Bürgerkrieg begann. Mit Federico García Lorca, Pablo Picasso u.a. wandte er sich gegen den Franco-Putsch. Seine ersten Werke setzte, druckte und finanzierte er selbst.

Er trat im März 1945 als unabhängiger Kandidat für den Senat für die Liste der Kommunistischen Partei Chiles an, und nach seiner Wahl trat er der Partei am 8. Juli bei. 1969 wurde Neruda von der Kommunistischen Partei als Präsidentschaftskandidat nominiert, er verzichtete aber zugunsten des vom Wahlbündnis Unidad Popular favorisierten Sozialisten und Freundes Salvadro Allende. 1970 gewann Allende die Präsidentschaftswahlen und überredete Neruda, Botschafter in Paris zu werden. 1971 erhielt er den Nobelpreis für Literatur.

Am 23. September 1973 erlag Neruda einem Krebsleiden, zwölf Tage nach dem Putsch in Chile unter Führung von Augusto Pinochet. Nach seinem Tod wurde Nerudas Haus vom Militär geplündert und zerstört.

Namensträger: Pionierlager des VEB Pumpspeicherwerke mit Sitz in Hohenwarte.

Niederkirchner, Katja

* 7.10.1909 in Berlin, † 27.9.1944 im KZ Ravensbrück. Antifaschistin, Rotarmistin.

Die Niederkirchners waren sogenannte „Auslandsdeutsche", Donauschwaben aus Ungarn und seit langem in Deutschland ansässig, besaßen aber immer noch die ungarische Staatsangehörigeit. Ihre Anträge auf Einbürgerung waren regelmäßig abgewiesen worden; der Ausweisungsbefehl war schon paarmal ergangen. Katjas Vater Michael Niederkirchner war seit 1927 einer der engsten Mitarbeiter und Mitglied des Zentralkomitees. Katja war von früher Jugend an politisch aktiv. Sie wurde Am 27. März 1933 erstmals verhaftet und anschließend aus Deutschland ausgewiesen. Als Katja im Herbst 1932 während des Berliner BVG-Streiks bei einer Rede in einer Frauenversammlung verhaftet wurde, war Hitler schon beinahe der Macht. Diesmal wurde sie endgültig ausgewiesen. Sie vermied das damals faschistische Ungarn und ging in die Sowjetunion, wo sie später ihre Familie wiedertraf. In Moskau konnte sie endlich studieren und wurde Sprecherin in den deutschen Sendungen von Radio Moskau.

Bei Kriegsbeginn meldete sie sich freiwillig zur Roten Armee. Sie wurde als Fallschirmspringerin ausgebildet und im Herbst 1943 für einen Einsatz in Deutschland vorbereitet. Nach ihrem Fallschirmabsprung wurde sie auf dem Wege nach Berlin verhaftet. Fast ein Jahr lang ertrug sie fürchterliche Foltern, ohne mehr preiszugeben als ihren Namen. Während dieser Zeit unternahm sie einen Selbstmordversuch, weil sie glaubte, nicht weiter durchhalten zu können. Aber sie wurde "gerettet", und sie fand die Kraft, die sie sich nicht mehr zugetraut hatte, bis zum Ende. Mitgefangene aus dem Konzentrationslager Ravensbrück, in das man sie schließlich gebracht hatte, bewahrten die letzten Kassiber Katja Niederkirchners, da schrieb sie: "Also wird es wohl heute abend passieren. Ich hätte doch so gern die neue Zeit erlebt. Es ist so schwer, kurz vorher gehen zu müssen. Lebt alle wohl. ..."

Namensträger: FDGB-Ferienheim in Leutenberg; Betriebs-Kinderferienlager in Uftrungen am Harz.

Ostrowski, Nikolai

*29.11.1904 in Wilija (Gouv. Wolhynien, nach 1945 Ukrainische SSR), † 22.12. 1936 in Moskau. Schriftsteller.

Während des Bürgerkriegs trat er 1919 dem Komsomol, dem Kommunistischen Jugendverband, bei. Als Freiwilliger ging er an die Front und kämpfte in Budjonnys berühmter Reiterarmee. 1920 wurde Ostrowski schwer verwundet. Er erblindete auf einem Auge und wurde demobilisiert. 1924 trat Ostrowski der Kommunistischen Partei bei. Seit Ende 1926 war Ostrowski ans Bett gefesselt und auf beiden Augen blind. Er begann mit dem Diktieren von Büchern und dem Studium des Marxismus. 1932 erschien sein erster und bekanntester, zum großen Teil autobiographischer Roman „Wie der Stahl gehärtet wurde". Nach Einschätzung des „Lexikons der Weltliteratur" (ab 1963 von dem Germanisten Gero von Wilpert herausgegeben) hat das Buch „bei der sozialistischen Erziehung in der Sowjetunion und bei der sozialistischen Bewußtseinsbildung der fortschrittlichen Jugend in der ganzen Welt eine bedeutende Rolle gespielt."

Die Lebensgeschichte von Pawel „Pawka" Kortschagin basiert auf der Biographie des Verfassers. Die berühmte Passage über den Sinn des Lebens steht in diesem Zusammenhang: Beim Spaziergang ergreift ihn eine „seltsame Niedergeschlagenheit". Am Stadtrand kommt er zu dem Platz, an dem Genossen erhängt wurden, und zu ihren Gräbern: „Hier hatten die tapferen Kameraden ihr Leben gelassen, damit das Leben derer schöner werde, die in Elend und Armut geboren wurden und für die allein die Geburt schon den Anfang der Sklaverei bedeutete. ... Trauer, tiefe Trauer erfüllte sein Herz." Er nimmt die Mütze ab und denkt:

> „Das Wertvollste, was der Mensch besitzt, ist das Leben. Es wird ihm nur einmal gegeben, und er muß es so nutzen, daß ihn sinnlos verbrachte Jahre nicht qualvoll gereuen, die Schande einer kleinlichen, inhaltslosen Vergangenheit ihn nicht bedrückt und daß er sterbend sagen kann: Mein ganzes Leben, meine ganze Kraft habe ich dem Herrlichsten in der Welt – dem Kampf für die Befreiung der Menschheit – geweiht. Und er muß sich beeilen, zu leben. Denn eine dumme Krankheit oder irgendein tragischer Zufall kann dem Leben jäh ein Ende setzen."

Namensträger: Pionierzeltlager (600 Pl.) in Eckartsberga (Bez. Halle).

Pieck, Arthur

28.12.1899 in Bremen, † 13.1.1970 in Berlin. Antifaschist, Staatsfunktionär in der DDR.

1918 Mitglied des Spartakusbundes, 1919 Eintritt in die KPD. Von 1921 bis 1932 Mitarbeiter in der sowjetischen Handelsvertretung Berlin. 1933 Emigration in die Sowjetunion. Von 1941 bis 1945 Offizier in der Politischen Verwaltung der Roten Armee, kehrte 1945 in die Sowjetische Besatzungszone zurück. 1955 bis 1961 Generalsekretär der Interflug. Ab 1961 Stellvertreter des Ministers für Verkehrswesen.

Namensträger: Betriebs-Kinderferienlager des Magistrats von Berlin.

Pieck, Wilhelm

* 3.1.1876 in Guben, † 7.9.1960 in Berlin. KPD-Politiker, Präsident der DDR.

1905–10 Mitglied der Bremer Bürgerschaft; Juli 1906–10 hauptamtlicher Sekretär des Sozialdemokratischen Vereins in Bremen; verschiedene Funktionen in der SPD. Im April 1917 Teilnehmer der Reichskonferenz der Spartakusgruppe und des Gründungsparteitages der USPD in Gotha. Vorsitzender des Gründungsparteitags der KPD (30.12.1918–1.1.1919 in Berlin); Mitglied des Zentralkomitees der KPD bis 1946 und 1926 bis 1937 Mitglied des Politbüros. 1921–28 Mitgl. des Preuß. Landtags; 1928–33 Mitgl. des Deutschen Reichstags, 1929–33 Mitgl. des Preuß. Staatsrats; 1932 Rektor der Internationalen Lenin-Schule der Kommunistischen Internationale in Moskau; 1942–45 Ansprachen im Rahmen der deutschsprachigen Sendungen des Moskauer Rundfunks; 1944 Lektionen an neugeschaff. Parteischule der KPD bei Moskau . Juli 1945 Rückkehr nach Deutschland (Berlin); Vors. des am 2.7.1945 gebildeten Sekretariats des ZK der KPD; Vereinigungsparteitag KPD/ SPD (21./22.4.1946 in Berlin); gemeinsam mit Otto Grotewohl paritätischer Vorsitzender der SED bis April 1954 und Mitglied des Politbüros des Parteivorstandes bis zu seinem Ableben. Aktiv bei der Bodenreform. 11.10.1949 von der Provisorischen Volkskammer und Provisorischen Länderkammer der DDR zum Präsidenten der DDR gewählt. 1947 führende Rolle bei der Entw. der Volkskongreßbewegung für Einheit und gerechten Frieden.

Namensträger: Pionierrepublik in Altenhof am Werbellinsee; Zentr. Pionierlager in Schneeberg.

Poser, Magnus

* 26.1.1907 in Jena, † 14.7.1944 im KZ Buchenwald. Antifaschistischer Widerstandkämpfer.

Arbeiter in den Zeiss-Werken in Jena. 1928 Mitglied der KPD. 1929 bis 1933 im Verband proletarischer Freidenker tätig. 1933 verhaftet und am 20. April 1934 zu zwei Jahren und vier Monaten Zuchthaus verurteilt. Nach Kontaktaufnahme zu ⇨Theodor Neubauer Anfang 1942 gehörte er mit zu den führenden Mitgliedern einer in Thüringen weitverzweigten Widerstandsorganisation. Im Juli 1944 an seiner Arbeitsstelle verhaftet und in den Weimarer Marstall, den Gestaposizt, überführt. Nach unmenschlichen Folterungen in der Nacht vom 20. zum 21. Juli 1944 versuchte er zu fliehen, wurde aber im angrenzenden Park von fünf Schüssen getroffen und in das Krankenrevier des KZ Buchenwald transportiert, wo Magnus Poser starb.

Namensträger: FDGB-Ferienheim in Bad Blankenburg; Betriebsferienlager des VEB Carl Zeiss Jena in Remschütz bei Saalfeld.

Rákosi, Mátyás

* 14.3.1892 in Ada (Österreich-Ungarn), † 5.2.1971 in Gorki (UdSSR). Staatsoberhaupt Ungarns,

Diente während des Ersten Weltkrieges in der österreichisch-ungarischen Armee, wo er an der russischen Front in Gefangenschaft geriet. Im revolutionären Rußland wurde er Marxist und kehrte nach Ungarn zurück, wo er 1919 Volkskommissar in der kommunistischen Revolutionsregierung der Räterepublik unter Béla Kun wurde. Als diese nach vier Monaten scheiterte, ging er in die Sowjetunion.

Bei seiner Rückkehr nach Ungarn im Jahre 1924 wurde er verhaftet. Nach seiner Freilassung 1940 ging er wieder nach Rußland, wo er Sekretär der Kommunistischen Internationale wurde. Gegen Ende des Zweiten Weltkrieges kehrte er mit der Roten Armee in seine Heimat zurück.

1947 Erster Sekretär der KP, 1952 Generalsekretär der Partei der Ungarischen Werktätigen und Ministerpräsident der Ungarischen Volksrepublik. Nach der Aufdeckung des stalinistischen Personenkults (Chruschtschow-Rede auf dem XX. Parteitag der KPdSU 1956) mußte Rákosi sein Amt als Generalsekretär niederlegen. Er verbrachte seine letzten 15 Lebensjahre in der Sowjetunion.

Rau, Heinrich

* 2.4.1899 in Feuerbach (Stuttgart), † 23.3.1961 in Berlin. KPD-Politiker, Spanienkämpfer.

Bereits 1916 Gruppenfunktionär der Sozialistischen Arbeiterjugend und Gewerkschaftsfunktionär in Stuttgart, Mitglied der Spartakusgruppe, 1917 USPD. 1917/18 Kriegsdienst; November 1918 Teilnahme an der Revolution in Stuttgart. 1921–30 Lehrer an Landes- und Zentralschulen der KPD; 1923–33 Mitglied des Sekretariats des Internationalen Komitees der Land- und Forstarbeiter; 1924–33 Mitglied des Vorstandes des Reichsbauernbunds; 1928–33 Abgeordneter des Preuß. Landtags; 1930–33 Mitglied des Internationalen Bauernrats in Moskau; 1931–33 Mitglied des Büros des Europäischen Bauernkomitees. Vom Volksgerichtshof am 11.12.1934 neben Bernhard Bästlein wegen „Vorbereitung zum Hochverrat" zu zwei Jahren Zuchthaus verurteilt. 1935 Emigration. in die ČSR, Nov. 1935–Febr. 1937 UdSSR; dort stellv. Leiter des Internat. Agrarinstituts in Moskau.

Ging zur Unterstützung der republikanischen Armee im März 1937 nach Spanien; nach Besuch einer Offiziers-Schule Kriegskommissar, Herbst 1937 Stabschef, Jan. 1938 Kommandeur der XI. Internationalen Brigade, verwundet.

Mitglied der KPD-Landesleitung in Paris. 1939 wurde Heinrich Rau wiederum verhaftet und kam mit etwa 12.000 ehemaligen Spanienkämpfern in das französische Internierungslager Le Vernet und später in das Geheimgefängnis Castres der Vichy-Regierung. Von dort wurde er 1942 an die Gestapo ausgeliefert.

1939 aus Deutschland ausgebürgert, 1941 sowjetische Staatsbürgerschaft.

Aug. 1942–März 1943 Gestapogefängnis Prinz-Albrecht-Str. Berlin, März 1943–Mai 1945 Häftling im KZ Mauthausen, leitend tätig beim Aufbau militärischer Gruppen, Teilnahme am Lageraufstand.

1945 Mitglied der Provisorischen Kommission zur Durchführung der Bodenreform; 1950–61 Stellv. des Ministerpräsidenten bzw. des Vorsitzenden des Ministerrats; 1953–55 Minister für Maschinenbau, 1955–61 Minister für Außenhandel u. Innerdt. Handel. Mitglied des Politbüros des Zentralkomitees der SED. 1950–52 Vorsitzender der Staatlichen Plankommission der DDR.

Namensträger: Zentrales Pionierlager in Groß Köris bei Königs Wusterhausen.

Reichpietsch, Max

* 24.10.1894 in Charlottenburg, † 5.11.1917 in Köln-Wahn. Kriegsgegner.

Er war mit Albin Köbis und anderen 1917 einer der Organisatoren der Antikriegsbewegung in der Kaiserlichen Marine. Er wurde verhaftet und am 26.8.1917 als „Haupträdelsführer" wegen „vollendeten Aufstandes" zusammen mit Köbis, Sachse, Weber und Beckers in einem Kriegsgerichtsverfahren zum Tode verurteilt. Das gegen ihn verhängte Todesurteil war eines von 150 während des gesamten Krieges, von denen 48 vollstreckt wurden. Die Todesurteile gegen Max Reichpietsch und Albin Köbis wurden auf dem Schießplatz Wahn bei Köln vollstreckt.

Theodor Plivier widmete seinen Roman „Des Kaisers Kulis. Roman der deutschen Flotte" (1930 Alwin Köbis und Max Reichpietsch. - „Das Lied der Matrosen", ein DEFA-Fim entstand 1958 unter der Regie von Kurt Maetzig und Günter Reisch.

Namensträger: Pionierferienlager der Volksmarine in Kühlungsborn.

Schehr, John

* 9.2.1896 in Altona, † 1.2.1934 in Berlin.

Er trat 1912 der SPD bei und schloß sich nach der Novemberrevolution der KPD an. Ende der zwanziger Jahre war er politischer Sekretär in Bad Harzburg und bald auch Mitglied der Leitung des KPD-Bezirks Wasserkante. 1932 Mitglied des Preußischen Landtags und von Juli d.J. bis 1933 Mitglied des Reichstages. 1932 wurde er in die Führung der Kommunistischen Partei Deutschlands gewählt. Er gehörte zum engen Kreis um Ernst Thälmann. Nach dessen Verhaftung übernahm Schehr die Leitung der von den Nationalsozialisten verbotenen und mit allen Mitteln verfolgten Kommunistischen Partei. 1933 versucht er, die Partei in der Illegalität neu organisieren, wurde aber nach ersten Erfolgen bereits im November 1933 verhaftet und nach grausamen Mißhandlungen vermutlich am 1. Februar 1934 am Kilometerberg in Berlin-Wannsee zusammen mit den führenden Berliner Kommunisten Erich Steinfurth, Eugen Schönhaar und Rudolf Schwarz ermordet.

Namensträger: Ein Ferienschiff im Betriebsferienlager „Tegeland" des VEB Gummiwerk Schönebeck.

Schlimme, Hermann

* 14.9.1882 in Langensalza, † 10.11.1955 in Berlin. Gewerkschaftsfunktionär.

Schon früh in den Gewerkschaften aktiv, 1931 Sekretär des Bundesvorstandes des Allgemeinen Deutschen Gewerkschaftsbundes. (Der ADGB) war von Juli 1919 bis Mai 1933 der Dachverband der Freien Gewerkschaften in Deutschland.)

1933 für kürzere Zeit in Haft, bis zu seiner erneuten Verhaftung am 20.1.1937 übernahm er die illegale Tätigkeit als Beauftragter des Vorstandes des Internationalen Gewerkschaftsbunds. Nach seiner Verhaftung wurde er am 8.12.1937 durch das Kammergericht Berlin wegen „Vorbereitung zum Hochverrat" zu drei Jahren Zuchthaus verurteilt.

1946 gehörte Hermann Schlimme zu den Teilnehmern des Gründungsparteitages der SED, gleichzeitig wurde er 2. Vorsitzender des FDGB-Vorstandes für Groß-Berlin, welcher er bis 1951 blieb. In dieser Funktion und auch später bis zu seinem Tod war er Mitglied des FDGB-Bundesvorstandes und des Parteivorstandes, später Zentralkomitee der SED. Als Volkskammer-Abgeordneter vertrat er dort den FDGB.

Namensträger: FDGB-Ferienheim in Saalburg, Ferienlager des VEB Giesserei- und Maschinenbau Berlin-Lichtenberg in Ortkrug.

Schneller, Ernst

* 8.11.1890 in Leipzig-Eutritzsch, † 11.10. 1944 im KZ Sachsenhausen. Schulpolitiker der KPD.

Er war von Beruf Lehrer. Von 1914-1918 Militärdienst, seit 1916 als Offizier. An der Ostfront wurde er mit den Ideen der Russischen Oktoberrevolution bekannt. Die Novemberrevolution 1918/1919 übte entscheidenden Einfluss auf seine weitere politische Entwicklung aus. Er wurde Mitglied eines Soldatenrates an der Front.

Ende Januar 1919 kehrte Ernst Schneller nach Deutschland zurück. Als Lehrer in Schwarzenberg (Erzgebirge) schloß er sich zunächst der SPD an. Nach der Niederschlagung des Kapp-Putsches 1920, bei der er die Arbeiterwehr Schwarzenbergs befehligte, trat er der KPD bei. Von 1921-1924 gehörte er den Sächsischen Landtag an, in dem er sich besonders für eine Gestaltung des Bildungswesens im Interesse der Volksmassen einsetzte. Ernst Schneller entwickelte sich zu einem bedeutenden Schulpolitiker der KPD. 1924-1929 war Ernst Schneller Mitglied der Zentrale bzw. des ZK der KPD und des Politbüros und auch Mitglied der Bundesleitung des Roten Frontkämpferbundes. Auf dem VI. Kongress der Kommunistischen Internationale wurde er zum Kandidaten des Exekutivkomitees gewählt. Von 1924-1933 leitete er die Arbeit verschiedener Abteilungen im ZK der KPD. Im Reichstag, dessen Mitglied er seit 1924 war, gehörte er zu den führenden kommunistischen Parlamentariern und Sachverständigen besonders für Fragen der Außen- und Militärpolitik. Er war ferner Leiter der Reichsparteischule der KPD in Schöneiche-Fichtenau.

In der Nacht des Reichstagsbrandes wurde Ernst Schneller verhaftet und im November 1933 zu sechs Jahren Zuchthaus verurteilt. Nach der Haft im Zuchthaus Waldheim wurde er 1939 in das KZ Sachsenhausen überführt. Hier gehörte er zu den führenden Kräften der illegalen Organisation der KPD und des Internationalen Lagerkomitees. Gemeinsam mit namhaften Repräsentanten der ausländischen Häftlinge organisierte Ernst Schneller die Vorbereitung von Maßnahmen zur Selbstbefreiung. 1944 setzte das Reichssicherheitshauptamt ein Sonderkommando zur Infiltration der Gruppe mit Spitzeln ein. Im August 1944 wurden 150 Häftlinge in eine Isolierbaracke gebracht. Am 11. Oktober 1944 wurden 103 von ihnen ins KZ Mauthausen überstellt.

27 dieser Häftlinge – zumeist Kommunisten – wurden von einem SS-Kommando erschossen, unter ihnen Ernst Schneller.

1977 drehte das Fernsehen der DDR einen zweiteiligen Film „Ernst Schneller".

Namensträger: Jugendherberge in Johanngeorgenstadt (Erzgeb.).

Scholl, Geschwister

Hans Scholl: * 22.9.1918 in Ingersheim,† 22.2.1943 in München.

Sophie Scholl: * 9.5.1921 , † 22.2.1943 in München. Antifaschistische Widerstandkämpfer.

1933 bis etwa 1936 sind beide in der Hitlerjugend aktiv, dann wenden sie sich der verbotenen „bündischen Jugend" zu und werden aktive Gegner des NS-Regimes. Sie arbeiten in der Widerstandsgruppe „Weiße Rose" an der Münchner Universität. Sie verfassen und verteilen Flugblätter. Das sechste und letzte Flugblatt der Weißen Rose wird von den Geschwistern Scholl am 18. Februar 1943 in der Münchener Universität ausgelegt und auch in den Lichthof geworfen. Vom Hausmeister denunziert, werden Sie noch in der Universität festgenommen, vier Tage später vom Volksgerichtshof unter Roland Freisler zum Tode verurteilt und am selben Tag im Strafgefängnis München-Stadelheim hingerichtet.

Der Regisseur Miachel Verhoeven drehte 1982 in der BRD der Film „Die weiße Rose". „Sophie Scholl – Die letzten Tage" wurde 2005 gedreht; Regie Marc Rothemund, Drehbuch Fred Breinersdorfer.

Namensträger: Betriebsferienlager des VEB Kombinat Espenhain in Taltitz im Vogtland; Betriebsferienlager des VEB Waggonbau Ammendorf in Schmiedeberg-Pöbeltal.

Schultz, Egon

* 4.1.1943 in Groß Jestin, † 5.10. 1964 in Berlin. DDR-Grenzsoldat.

Vor seiner Einberufung zum Wehrdienst war er Lehrer in Rostock. Er wurde bei der Kontrolle eines Hauses, in dem sich ein sog. Fluchtunnel ("Tunnel 57") nach Westberlin befand, erschossen. Der Schleuser Christian Zobel schoß auf Egon Schulz, um sich und Reinhard Furrer (den späteren BRD-Astronauten) der Festnahme zu entziehen. Die tödliche Kugel hatte - lt. Obduktionsbericht von Prof. Dr. Prokop - das Kaliber 7,65 mm, die MPis der DDR-Grenzer hatten das Kaliber 7,62 mm. Trotzdem wird von Seiten der BRD bis heute behauptet, Egon Schultz sei von Grenzer-Kameraden erschossen worden. Der Schütze Christian Zobel wurd nie verfolgt.

Namensträger: Pionierlager der Grenztruppen der DDR in Märkisch-Buchholz.

Seelenbinder, Werner

* 2.8.1904 in Stettin, † 24.10.1944 in Brandenburg. Sportler (Ringer), Antifaschist.

1928 gewann Seelenbinder bei der Spartakiade in Moskau als einziger deutscher Arbeitersportler seinen Wettbewerb im Ringen. Nach der Rückkehr trat er in die KPD ein und arbeitete hier an der Herstellung von Informationsmaterialien mit, auch von Flugblättern. 1933 gewann er den ersten von insgesamt sechs Titeln als Deutscher Meister im Ringen des Halbschwergewichts. Er verweigerte bei der Siegerehrung den Hitlergruß. Eine Woche später wurde er dafür von der Gestapo verhaftet und eine Zeit lang eingesperrt. Anschließend bekam er ein Jahr Wettbewerbssperre und wurde kurz darauf erstmals auch verhört.

Bei seiner Arbeit in einem Rüstungsbetrieb in Berlin-Marienfelde gelang es ihm, eine illegale Widerstandszelle zu organisieren, in der an der Seite deutscher Kommunisten auch polnische Zwangsarbeiter mitwirkten. In jener Zeit intensivierte Seelenbinder seinen Kontakt zu den Mitgliedern der kommunistischen Widerstandsgruppe um Robert Uhrig und Alfred Kowalke. Als die Gruppe um Robert Uhrig zerschlagen wurde, nahm die Gestapo auch Seelenbinder am 4. Februar 1942 fest. Nach über zwei Jahren Haft in verschiedenen Konzentrationslagern und Zuchthäusern wurde er durch den Volksgerichtshof Potsdam zum Tode verurteilt und am 24. Oktober 1944 im Zuchthaus Brandenburg enthauptet.

Namensträger: Zentrales Pionierlager in Güntersberge (Harz), Pionierlager des Präsidiums der Volkspolizei in Bolz bei Parchim.

Seghers, Anna

* 19.11.1900 in Mainz, † 1.6.1983 in Berlin. Schriftstellerin.

1928 erschien ihr erstes Buch „Der Aufstand der Fischer von Santa Barbara" unter dem Pseudonym Anna Seghers. Im gleichen Jahr trat sie der KPD bei und im folgenden Jahr war sie Gründungsmitglied des Bundes proletarisch-revolutionärer Schriftsteller. 1930 reiste sie erstmals in die Sowjetunion. Nach der Machtübernahme der Nationalsozialisten wurde Anna Seghers kurzzeitig von der Gestapo verhaftet; ihre Bücher wurden in Deutschland verboten und verbrannt. Wenig später konnte sie in die Schweiz und dann nach Paris fliehen.

Im März 1941 gelang es Anna Seghers, mit ihrer Familie von Marseille aus über Mexiko auszuwandern. 1947 verließ Anna Seghers Mexiko und kehrte nach Berlin zurück, wo sie anfangs als Mitglied der SEDin West-Berlin lebte. 1950 zog sie nach Ost-Berlin und wurde zum Mitglied des Weltfriedensrates und zum Gründungsmitglied der Deutschen Akademie der Künste berufen. 1951 erhielt sie den Nationalpreis der DDR, 1952-78 war sie wurde sie Präsidentin des Schriftstellerverbandes der DDR.

Anna Seghers' Roman berühmtester Roman „Das siebte Kreuz" erschien 1942 in Mexiko (in deutscher Sprache) und in einer englischen Übersetzung in den USA. Der aus Österreich emigrierte Regisseur Fred Zinnemann verfilmte den Roman 1944 in den USA (*The Seventh Cross*), die Hauptrolle spielte Spencer Tracy.

Namensträger: Pionierlager in Groß Köris.

Świerczewski, Karol (General Walter)

*22.2.1897 in Warschau, † 28.3.1947 in Jabłonki bei Baligród. Polnischer General, Spanienkämpfer.

Polnischer Offizier, in der Sowjetunion nach Akademiebesuch zum General der Roten Armee ernannt. Unter dem Namen General Walter nahm er am Spanischen Bürgerkrieg teil als Kommandeur der XIV. Internationalen Brigade und später der 35. Internationalen Division. Nach der Niederlage der republikanischen Kräfte ging er 1939 in die Sowjetunion zurück. Dort war er Kommandeur eine sowjetischen Schützendivision. Mit der in der Sowjetunion aufgestellten Polnischen Armee nahm er am 2. Weltkrieg teil. 1946 wurde Świerczewski stellvertretender Verteidigungsminister Polens.

Namensträger: Pionierlager in Prieros am Hölzernen See und in Gräbendorf..

Thälmann, Ernst

* 16.4.1886 in Hamburg, † 18.8.1944 im KZ Buchenwald. KPD-Politiker.

Parteivorsitzender der KPD von 1925 bis zu seiner Verhaftung durch die Gestapo im Jahr 1933. Er war Kandidat der KPD für die Reichspräsidentenwahlen von 1925 und 1932 und Mitglied des Reichstages von 1924 bis 1933. Ernst Thälmann war Teilnehmer und einer der Organisatoren des Hamburger Aufstandes vom 23. bis 25. Oktober 1923. Er sollte der Anfang eines revolutionären Aufstandes in ganz Deutschland sein. Der Aufstand scheiterte durch die Fehleinschätzung der eigenen Stärke und der gesamten Lage. Ernst Thälmann führte von 1925 bis zu seinem Verbot 1929 den Roten Frontkämpferbund (RFB) die paramilitärische *Schutz- und Wehrorganisation der KPD*. Als die NSDAP am 30. Januar 1933 an die Macht kam, schlug Thälmann der SPD einen Generalstreik vor, um Hitler zu stürzen, doch dazu kam es nicht mehr. Seine Verhaftung erfolgte am 3. März 1933, zwei Tage vor der Reichstagswahl im März 1933 und einige Tage nach dem Reichstagsbrand. Ernst Thälmann wurde im August 1944, nach über elf Jahren Einzelhaft, vermutlich auf direkten Befehl Adolf Hitlers erschossen.

Namensträger: FDGB-Ferienheim in Oberhof und in Oybin; Pionierrepublik in der Berliner Wuhlheide; Pionierlager in Bertingen; Pionierlager der IG Wismut in Kriebstein an der Talsperre; Betriebsferienlager des VEB Weimar-Werk (Landmaschinen) in Rappin (Rügen).

Thesen, Matthias

* 29.4.1891 in Ehrang, † 11.10.1944 im KZ Sachsenhausen. KPD-Politiker.

1917 schloss sich Matthias Thesen der USPD an und wurde 1920 gemeinsam mit anderen linken Kräften Mitglied der KPD. Auf der Rheinwerft in Walsum wählten ihn die Arbeiter zum Betriebsratsvorsitzenden. Von 1924 bis 1928 gehörte er der Stadtverordnetenversammlung in Hamborn und seit 1928 dem Reichstag an. Seit 1925 arbeitete er im Ruhrgebiet als politischer Leiter der Unterbezirke Bochum, Duisburg und Essen der KPD. Im Dezember 1932 wurde er vom Zentralkomitee als Instrukteur für die Küstenbezirke Wasserkante (Hamburg), Nordwest (Bremen), Niedersachsen und Mecklenburg eingesetzt. Am 14. September 1933 wurde er in Hamburg verhaftet und im Februar 1935 wegen „Vorbereitung zum Hochverrat" zu dreieinhalb Jahren Zuchthaus verurteilt. Nach Ablauf der Haftfrist verschleppte ihn die Gestapo in die Konzentrationslager Papenburg und Sachsenhausen. 1939 verurteilte ihn der faschistische „Volksgerichtshof" wegen seiner politischen Tätigkeit in den faschistischen Kerkern zu weiteren vier Jahren Zuchthaus. 1943 brachte ihn die Gestapo erneut nach Sachsenhausen. Hier organisierte er als Mitglied der illegalen Leitung der KPD gemeinsam mit Augustin Sandtner, Ernst Schneller und anderen den antifaschistischen Widerstand. In all den schweren Kerkerjahren blieb Matthias Thesen standhaft und trotz grausamer Mißhandlungen ungebrochen. Am 11. Oktober 1944 wurde er mit 26 deutschen und französischen Antifaschisten von der SS erschossen. Seine Frau Käte erhielt nach Monaten vom Lagerkommandanten auf ihren besorgten Brief die folgende Antwort: „Auf ihre obige Anfrage teilt die Kommandantur mit, daß Ihr Mann am 11. Oktober 1944 im hiesigen Lager wegen versuchter Meuterei und Aufwieglung erschossen wurde."

Namensträger: Pionierlager in Boltenhagen.

Thorez, Maurice

* 28.4.1900 in Noyelles-Godault (Pas-de-Calais), † 11.7.1964 bei einer Überfahrt auf dem Schwarzen Meer. Führer der französischen KP.

1930 bis 1964 Generalskretär der Französischen Kommunistischen Partei (Parti communiste français) und von 1946 bis 1947 Vizepremierminister Frankreichs.

1920 schloss er sich den Kommunisten, 1925 wurde er Mitglied des Politbüros der KPF, 1926 Organisationssekretär seiner Partei. Zwischen 1925 und 1926 engagierte er sich aktiv gegen den Krieg in Marokko. Zwischen 1929 und 1930 verbüßte er eine Haftstrafe wegen Provokation militärischen Ungehorsams.

Er gehörte von 1932 bis zu seinem Tod der Nationalversammlung an.

Kurz nach Beginn des Krieges desertierte Maurice Thorez aus der französischen Armee floh über Belgien nach Moskau. Dort war er in der Kommunistischen Internationale tätig und wirkte 1943 an der Auflösung der Komintern mit.

1944 kehrte er nach Frankreich zurück, wo er wieder die Leitung der KPF übernahm.

1945 berief ihn de Gaulle als Staatsminister ohne Geschäftsbereich in sein Kabinett. Thorez nahm aktiv am Wiederaufbau Frankreichs nach dem Krieg an der Seite anderer politischer Bewegungen unter Einsatz seines ganzen Einflusses teil. Im beginnenden Kalten Krieg übte die US-amerikanische Regierung über den Marshall-Plan massiven Druck auf die französische Regierung aus, die kommunistischen Minister aus der Regierung auszuschließen. Er starb bei einer Reise an das Schwarze Meer in der Türkei an Bord der „Latwija". Sein Nachfolger wurde Waldeck Rochet.

Namensträger: Zentrales Pionierlager in Arendsee (Bez. Magdeburg).

Titow, German

11.9.1935 in Werchneje Schilino (Region Altai); † 20.9.2000 om Moskau. Sowjetischer Kosmonaut.

Er startete am 6.8.1961 mit dem Raumschiff Wostok zum zweiten orbitalen Raumflug (nach Gagarin) in der Geschichte. Das wurde der erste Flug über mehr als 24 Stunden im Weltraum und mit mehr als einer Erdumrundung. Zu der Zeit war er knapp 26 Jahre alt und damit auch bislang jüngste Mensch im Weltraum.

Namensträger: Pionierlager der NVA in Karlshagen; Zentralhaus der Jungen Pioniere in Berlin.

Togliatti, Palmiro

* 26.3.1893 in Genua, † 21.8.1964 in Jalta. Führer der italienischen KP,

Von 1947 bis 1964 war Togliatti Generalsekretär der Kommunistischen Partei Italiens (PCI). Er war 1921 ein Gründungsmitglied der PCI. Bereits seit 1922 gehörte Togliatti dem Zentralkomitee an, veröffentlichte bis 1926 unter Pseudonym antifaschistische Propaganda, geriet 1923 und 1925 in Haft durch das faschistische Regime von Benito Mussolini, emigrierte 1926 nach Deutschland, später in die UdSSR. Dort übernahm er eine führende Rolle in der Komintern, wurde auf dem VII. Kongress 1935 Befürworter der Volksfrontpolitik und nahm zwischen 1937 und 1939 als Angehöriger des Garibaldi-Bataillons am Spanischen Bürgerkrieg teil. Nachdem Generalsekretär Gramsci verhaftet worden war, übernahm er die Führung der PCI, deren Generalsekretär er ab 1947 wurde.

Togliatti strebte mit den Sozialisten eine Volksfront an, um auf parlamentarischem Weg Staat und Gesellschaft zu revolutionieren. Unter seiner Führung wuchs die Partei zur zweitstärksten Italiens und zur größten nicht-regierenden kommunistischen Partei in Europa. Obwohl sie nach 1946 permanent von der nationalen Regierung ausgeschlossen blieb, stellte sie in vielen Städten den Bürgermeister und blieb nicht ohne Einfluss. 1956 war Togliatti entscheidend an der Entwicklung der Theorie des sog. Polyzentrismus, der „Einheit in der Vielfalt" beteiligt.

Nachfolger als Generalsekretär der PCI wurde 1964 Luigi Longo.

Namensträger: Zentrales Pionierlager in Einsiedel (Bez. Karl-Marx-Stadt).

Tschoibalsan

* 8.2.1895 im Aimag Dornod (Ostmongolei), † 26.1.1952 in Moskau. Führer der Mongolischen Volksrepublik.

Mitbegründer (mit Suche Bator, 1893–1923) und Führer der Mongolischen Revolutionären Volkspartei, 1939 Ministerpräsident der Mongolischen Volksrepublik. Er war maßgeblich an der Umwandlung der Äußeren Mongolei in einen sozialistischen Staat beteiligt. Ab 1930 war er mehrfach Minister (u.a. Innen-, Außen- und Verteidigungsminister). Das enge Bündnis mit der Sowjetunion brachte einerseits Hilfe beim Aufbau einer Infrastruktur und eines Schulwesens, andererseits war Tschoibalsan dadurch verpflichtet, den diktatorischen Kurs Stalins zu übernehmen.

Namensträger: Pionierferienlager in Petzow am Glindowsee (Bez. Potsdam).

Walter, Grete

* 22.2.1913 in Berlin-Neukölln, † 21.10.1935 in Berlin-Kreuzberg. Antifaschistische Widerstandkämpferin.

1928 trat sie dem Kommunistischen Jugendverband Deutschlanbds (KJVD), 1930 der KPD bei. Sie besuchte Kurse der Marxistischen Arbeiterbildung und übernahm die Leitung einer KJVD-Jugendgruppe in Berlin-Neukölln. Hier engagierte sie sich besonders in der kommunistischen Kinderbewegung. Nach Abschluß der Handelsschule arbeitete sie als kaufmännische Angestelle bei der Firma Kathreiner. Als ihre politischen Aktivitäten der Firmenleitung bekannt wurden, wurde sie entlassen und beim Unternehmerverband auf die Schwarze Liste gesetzt, so daß sie längere Zeit arbeitslos blieb.

Ab 1930 studierte sie auf Weisung des ZK des KJVD an der Internationale Lenin-Schule der Komintern in Moskau. Nach ihrer Rückkehr wurde sie Mitglied der KJVD-Unterbezirksleitung Berlin-Neukölln und arbeitete für deren Sekretariat. Grete Walter übernahm die Betreuung der kommunistischen Kinderbewegung im Bezirk als Leiterin der Roten Jungpioniere. Anfang 1933 wurde sie in das ZK des KJVD gewählt.

Beim Reichstagsbrand wurde noch in der Nacht zum 28. Februar 1933 verhaftet. Trotz der demütigenden, mit Prügel und Folter einhergehenden Verhöre sagte sie nichts aus.

Im Frühjahr 1934 wurde sie erneut verhaftet, doch gelang es der Gestapo nicht, ihre Widerstandsaktivitäten nachzuweisen. Grete Walter konnte durch die Solidarität ihrer Kollegen die Anschuldigungen abstreiten und ihre illegale Arbeit fortsetzen.

Am 9. Oktober 1935 wurde sie zum dritten Mal verhaftet. Nach schweren Mißhandlungen in der Berliner Gestapo-Zentrale stürzte sie sich aus dem dritten Stock der Prinz-Albrecht-Straße in einen Lichtschacht, um sicherzugehen, daß sie niemanden verrate. Sie war 22 Jahre alt.

Namensträger: Betriebsferienheim des Werks für Fernsehelektronik (WF) Berlin-Oberschöne-
weide in Dierhagen-Neuhaus; Kinderheime in Wismar und Polvitz bei Gardelegen; die Jugendherberge in Stralsund; das Zentrale Pionierlager in Sebnitz.

Weineck, Fritz

* 26.3.1897 in Halle, † 13.3.1925 in Halle. Der „Kleine Trompeter".

Bekannt als „Der kleine Trompeter" (nach dem ihm gewidmeten Lied). Fritz Weineck war Hor-
nist in einem Spielmannszug des Roten Frontkämpferbundes (RFB) in Halle. Er wurde während
einer Wahlveranstaltung KPD mit Ernst Thälmann zusammen mit neun weiteren Personen von
der Polizei, die die Veranstaltung auflösen wollte, erschossen. Leutnant Pietzer und Angehörige
der Schutzpolizei sollen mehr als 50 Schuss in die Menge abgegeben haben. Fritz Weineck und
drei weitere Menschen waren sofort tot, die anderen starben auf dem Weg ins Krankenhaus.
Laut dem Obduktionsbericht starb Weineck durch einen Schuss in den Rücken in Brusthöhe.

Als die Todesopfer zu Grabe getragen wurden, folgten Zehntausende ihren Särgen und in allen
größeren Betrieben der Stadt wurde während der Beerdigung nicht gearbeitet.

„Das Lied vom Trompeter", DDR-Spielfilm 1964, **Titelrolle: Horst Jonischkan.**

Namensträger: Eines der größten FDGB-Erholungsheime in Oberhof; Kinderferienlager in Alt
Schadow Krs. Lübben, ein Pionierschiff in Halle.

Weinert, Erich

* 4.8.1890 in Magdeburg, † 20.4.1953 in Berlin. Schriftsteller, Spanienkämpfer.

1908 bis 1910 besuchte er die Kunstgewerbe- und Handelsschule in Magdeburg, schloß 1912 sein
Studium an der Königlichen Kunstschule Berlin mit einem Staatsexamen als akademischer Zei-
chenlehrer ab. Anfang 1920 veröffentlichte er erste Gedichte. In Leipzig wirkte er als Schauspie-
ler und Vortragskünstler. Erich Weinert gehörte zu den Mitbegründern des Bundes proletarisch-revolutionärer Schriftsteller. 1929 trat er der KPD bei und war Mitarbeiter des Zentralor-
gans der Partei „Die Rote Fahne". 1930 begann seine Zusammenarbeit mit Hanns Eisler und
Ernst Busch.

Von 1933 bis 1935 ging Weinert mit Frau und Tochter mit Umweg über die Schweiz und Paris
nach Moskau. Dort arbeitete er für die deutschsprachigen Sendungen von Radio Moskau. Weinert wurde von 1937 bis 1939 Mitglied der Internationalen Brigaden im spanischen Bürgerkrieg,
wo er als Frontberichterstatter tätig war. Der Text der Hymne der Internationalen Brigaden,
die im spanischen Bürgerkrieg kämpften, stammt von ihm. Anschließend war er von Februar
bis Herbst 1939 im Lager Saint-Cyprien (Pyrénées-Orientales) interniert, wo er schwer lungen-
krank wurde.

Nach dem deutschen Überfall auf die Sowjetunion war Erich Weinert auf sowjetischer Seite als Propagandist tätig. Mit seinen Gedichten bedruckte Flugblätter wurden in hoher Auflage hinter den deutschen Linien abgeworfen. 1943 wurde er zum Präsidenten des Nationalkomitees Freies Deutschland gewählt.

1946 kehrte Weinert nach Deutschland zurück und wurde, bereits schwer erkrankt, als Vizepräsident der Zentralverwaltung für Volksbildung in der sowjetischen Besatzungszone tätig.

Namensträger: Pionierlager in Friedrichsbrunn (Harz), in Arendsee und in Waldheim.

Woroschilow, Kliment

* 4.2.1881 in Werchneje (Gouv. Jekaterinoslaw), † 2.12.1969 in Moskau. Sowjetischer Heerführer, Staatsoberhaupt der UdSSR.

1925 bis 1940 Verteidigungsminister (Volkskommissar) der Sowjetunion. 1935 zum Marschall der Sowjetunion ernannt. 1953 bis 1960 Vorsitzender des Präsidiums des Obersten Sowjets und damit Staatsoberhaupt der UdSSR.

Namensträger: Zentrales Pionierlager in Hammelspring am Röddelinsee. Ferienlager bei Templin.

Zetkin, Clara

* 5.7.1857 in Wiederau (Sachsen), † 20.6.1933 in Archangelskoje (Oblast Moskau). KPD-Politikerin.

Sie war bis 1917 aktiv in der SPD, schloß sich 1917 sich der SPD-Abspaltung USPD an. In der USPD gehörte sie zum linken Flügel bzw. zur Spartakusgruppe (1918 umbenannt in Spartakusbund). In der SPD gehörte sie zusammen mit ihrer engen Vertrauten, Freundin und Mitstreiterin Rosa Luxemburg wortführend zum revolutionären linken Flügel der Partei. Danach war sie ein einflußreiches Mitglied der Kommunistischen Partei Deutschlanbds. Während der Weimarer Republik war sie von 1920 bis 1933 Reichstagsabgeordnete für die KPD und 1932 Alterspräsidentin des Parlaments.

Einer ihrer politischen Schwerpunkte war die Frauenpolitik. Sie erklärte die fehlende Gleichberechtigung der Geschlechter zu einem Nebenwiderspruch der herrschenden sozialen und ökonomischen Bedingungen, den sie dem Hauptwiderspruch zwischen Kapital und Arbeit unterordnete. Auf der Zweiten Internationalen Sozialistischen Frauenkonferenz am 27.8.1910 in Kopenhagen initiierte sie gegen den Willen ihrer männlichen Parteikollegen, gemeinsam mit Käte Dunker, den Internationalen Frauentag, der erstmals im folgenden Jahr am 19.März 1911 begangen werden sollte (ab 1921 am 8. März).

Von 1921 bis zu ihrem Tode war Clara Zetkin Präsidentin der Internationalen Arbeiterhilfe (IAH). 1925 wurde sie außerdem zur Vorsitzenden der Roten Hilfe Deutschlands gewählt. In der KPD war Zetkin bis 1924 Angehörige der Zentrale, und von 1927 bis 1929 des Zentralkomitees der Partei. Sie war außerdem von 1921 bis 1933 Mitglied des Exekutivkomitees der Kommunistischen Internationale.

Im Juni 1923 erregte sie auf der Tagung des Exekutivkomitees der Komintern in Moskau mit ihren Thesen zum Klassencharakter des Faschismus, der im Jahr zuvor in Italien an die Macht gekommen war, Aufsehen. Den Nationalsozialismus bezeichnete sie als „Strafe" für das Verhalten der deutschen Sozialdemokratie in der Novemberrevolution.

Namensträger: Pionierlager in Limbach-Oberfrohna.

204